Lugar e mídia

ANGELO SERPA

Lugar e mídia

editora**contexto**

Foto de capa
Angelo Serpa

Montagem de capa e diagramação
Gustavo S. Vilas Boas

Preparação de textos
Lilian Aquino

Revisão
Rinaldo Milesi

Dados Internacionais de Catalogação na Publicação (CIP)
(Câmara Brasileira do Livro, SP, Brasil)

Serpa, Angelo
Lugar e mídia / Angelo Serpa. – São Paulo : Contexto, 2011.

Bibliografia
ISBN 978-85-7244-654-9

1. Comunicação – Aspectos sociais 2. Geografia humana
3. Mídia – Aspectos sociais I. Título.

11-07094 CDD-304.2
-302.23

Índice para catálogo sistemático:
1. Mídia : Geografia humana 304.2
2. Mídia : Sociologia 302.23

2011

EDITORA CONTEXTO
Diretor editorial: *Jaime Pinsky*

Rua Dr. José Elias, 520 – Alto da Lapa
05083-030 – São Paulo – SP
PABX: (11) 3832 5838
contexto@editoracontexto.com.br
www.editoracontexto.com.br

Dedico este livro à memória de meu irmão,
Luís Cláudio.

SUMÁRIO

APRESENTAÇÃO

Este livro, que chega agora às mãos do leitor, resulta de um esforço de pesquisa de mais de quatro anos, quando decidi, no âmbito das atividades dos grupos de pesquisa que coordeno no Departamento de Geografia da Universidade Federal da Bahia, focar a questão da apropriação sócio-espacial dos meios de comunicação nos bairros populares de Salvador, laboratório de meus trabalhos de campo há mais de uma década.

Parto de uma questão simples, mas, a meu ver, fundamental, de entender como os lugares de ocorrência dessas iniciativas encontram rebatimento na ação e no discurso dos grupos protagonistas de minhas pesquisas. E, claro, como as rádios comunitárias e o universo virtual da internet nas áreas populares da metrópole soteropolitana veiculam o cotidiano dos lugares analisados através dos conteúdos produzidos. Minhas pesquisas revelaram situações muito peculiares de criatividade, persistência e luta, para manutenção dessas iniciativas. Poderia sintetizar sua atuação através de uma única palavra: inventividade. Inventividade, sobretudo, nas formas como se apropriam das técnicas de informação e comunicação, transformando-as em tecnologias de processo, que se consolidam nos respectivos lugares de atuação.

Após o encerramento das pesquisas em Salvador, tive a grata oportunidade de desenvolver pesquisa similar nos bairros populares e nos centros de cultura alternativa de Berlim, durante os sete meses de estágio pós-doutoral, realizado em 2009 no Instituto de Geografia da Humboldt Universität. A capital alemã se revelou como uma escolha acertada, como um contraponto fundamental e necessário para as pesquisas desenvolvidas na Bahia, em um contexto de maior universalização de acesso às técnicas de informação e comunicação, oferecendo uma oportunidade única para a reflexão aqui proposta.

Nas páginas que se seguem, destaco a importância dos lugares no mundo contemporâneo, lugares aqui entendidos como "plataformas" para a construção de ações e discursos de cunho eminentemente espacial, que perpassam variadas escalas e recortes, abrindo e articulando os lugares para/com o mundo. O conhecimento geográfico (e prático) dos agentes envolvidos nas táticas de apropriação sócio-espacial dos meios de comunicação em Berlim e Salvador vai se revelar paulatinamente ao leitor, a partir da leitura dos cinco capítulos que compõem o livro. No primeiro capítulo, a discussão busca relacionar mídia e lugar, embasando teórica e conceitualmente os capítulos subsequentes. Os capítulos "Mídia popular e comunitária em Salvador" e "Mídia alternativa e multicultural em Berlim" apresentam "nossos" protagonistas, pontuando sua atuação e caracterizando seus lugares de ocorrência em Salvador e Berlim. No capítulo "Tecnologia e lugar", busco entender como a tecnologia se constrói como conhecimento prático a partir da apropriação da técnica nos lugares analisados e, no último capítulo, o objetivo é o de compreender como os lugares são enunciados no cotidiano das duas cidades analisadas, destacando o papel da comunicação para a elaboração de representações espaciais multiescalares, que abrem esses grupos e iniciativas para o mundo.

Agradecimentos

Este livro não teria sido possível sem o Conselho Nacional de Desenvolvimento Científico e Tecnológico (CNPq), que apoiou a pesquisa realizada em Salvador, com a concessão de bolsa de produtividade em pesquisa, além de bolsas de Iniciação Científica para os estudantes envolvidos. A eles, e, em especial, a Bruno Carvalho Soares, Renata Maria de Jesus Bahia, Karla Gomes Moraes, Henrique Barros Neves de Araújo e Sérgio Silva Borges, meus agradecimentos sinceros. Também à Coordenação de Aperfeiçoamento de Pessoal de Nível Superior (Capes), pela concessão de bolsa de pós-doutorado, e à professora Julia Lossau, pela supervisão do estágio pós-doutoral na Humboldt Universität. Por fim, agradeço também a Marcelo Sousa Brito e a Dagmar Serpa, pela cessão de fotos de sua autoria e pela visita (carinhosa e providencial) a Berlim quando eu estava por lá, a Jens Gröger e Frieder Bronner, não só pelas entrevistas concedidas no âmbito das pesquisas realizadas na capital alemã, mas também por terem me aberto as portas de muitos dos grupos e iniciativas analisados nas páginas que se seguem, a Ana Fani Alessandri Carlos, pelo incentivo "virtual" através de nossas conversas via Skype, e a Francine Barthe, pelo estímulo e pela discussão de algumas das ideias apresentadas a seguir.

LUGAR E MÍDIA

Qual a relação entre lugar e mídia? Com essa questão, gostaria de iniciar a reflexão proposta neste livro, que pretende explorar sob um viés geográfico as vias abertas de análise para compreender a dialética entre mídia e lugar na cidade contemporânea.

A ideia de que a Geografia tem muito a contribuir para esta discussão é reforçada por pesquisas de campo em Salvador e Berlim. Essas foram desenvolvidas junto a grupos e iniciativas que estão se apropriando de meios de comunicação como o rádio, a internet e a televisão, para produzir e veicular conteúdos estreitamente relacionados com seus lugares de ocorrência.

As rápidas transformações dos meios de comunicação no período contemporâneo ensejaram inúmeras análises sobre o encurtamento de distâncias e a "virtualização" das relações sociais. Para alguns autores, tudo isso representava o fim da Geografia e dos constrangimentos espaciais. A "virtualidade" parecia se consolidar como o valor supremo do mundo contemporâneo.

No entanto, as pesquisas demonstram a força dos lugares no período atual, desconstruindo a ideia de virtualização do espaço e das distâncias, superando-a para colocá-la em outro patamar.

Os lugares estão presentes nos meios de comunicação e estes também se fazem presentes, de modo material e concreto, em seus lugares de ocorrência. Portanto, embora paradoxal, o "virtual" se localiza no espaço, se espacializa em momentos e lugares específicos.

A relação entre lugar e mídia produz o espaço urbano na contemporaneidade, a partir de táticas e discursos próprios aos agentes e grupos que compõem as diferentes iniciativas analisadas neste livro.

Lugar e mídia, ao se relacionarem, refletem e condicionam as práticas espaciais, as representações do espaço e os espaços de representação (Lefebvre, 2000), produzindo "lugares" na cidade contemporânea e abarcando diferentes dimensões escalares nesse processo.

Para problematizar essa relação, devemos partir do pressuposto de que a ação e o discurso desses grupos e iniciativas produzem "lugares" a partir da apropriação dos meios de comunicação em contextos espaço-temporais específicos. Estamos aqui no terreno de táticas que podem ou não se consolidar em estratégias de espacialização.

O espaço urbano também se produz a partir do discurso, dos conteúdos veiculados nas mais variadas linguagens, expressando, a um só tempo, diferenças e similaridades, que diferenciam lugares, mas que também os relacionam com o mundo, através do rádio, do vídeo ou da internet.

O discurso fabrica o lugar: o lugar da vida cotidiana, da repetição, do trabalho (ou da ausência dele), mas também da criatividade e da subversão. Sim, subversão, pois se trata aqui de grupos e iniciativas que produzem espaço na cidade contemporânea para afirmar ideias alternativas de cultura, para fabricar o lugar a partir de táticas cotidianas de enunciação.

Os espaços de representação ganham aqui *status* de lugares da enunciação, de lugares que podem emergir da superestrutura institucional, a partir da confrontação com as ideias hegemônicas de cultura, com as estratégias dos meios de comunicação de massa.

E a confrontação dá-se basicamente através dessa produção de lugares enunciados, de lugares percebidos e concebidos através dos conteúdos produzidos, em geral, por grupos pouco numerosos, mas articulados em rede: como uma teia, que costura as táticas de enunciação dos/nos diferentes lugares; uma teia "mundo", que também abre os lugares para o exterior.

Por outro lado, os dispositivos institucionais concebem lugares, produzem recortes espaciais que muitas vezes inexistem ou precisam ser reelaborados para os/pelos protagonistas dessa mídia "submersa", quase sempre invisível para as pesquisas sobre os meios de comunicação.

Na Geografia, os meios de comunicação são, de modo geral, abordados sob uma perspectiva sistêmica, nos recortes nacional ou regional, enfatizando-se seu papel de "sistema técnico", apropriado pelos agentes hegemônicos de produção do espaço.

Considerando-se que as estratégias de concepção (e localização) dos meios hegemônicos de comunicação se dão em pequena escala, em espaços grandes e abstratos, sendo "externas" aos lugares, as táticas de apropriação desses objetos são, sobretudo, "localizadas" e próprias da grande escala, dos espaços concretos e cotidianos (Lacoste, 1993). São as táticas que transformam e subvertem as estratégias hegemônicas de representação (Serpa, 2007a).

Por outro lado, é necessário também afirmar que hegemonias e contra-hegemonias dizem respeito sempre a processos identitários dinâmicos, que as hegemonias e contra-hegemonias são sempre localizadas, múltiplas e instáveis (Serpa, F., 2004).

Em tempos de virtualização do espaço público enquanto esfera do agir comunicacional e da ação política, nos termos colocados por Jürgen Habermas (1984) e Hannah Arendt (2000; 2002a; 2002b), as iniciativas analisadas neste livro apontam para a possibilidade do encontro de "diferentes", subvertendo, em alguns casos, as práticas das culturas dominantes e a produção de hegemonias universais.

Acredita-se que a Geografia possa oferecer novas possibilidades para análise do tema se partir da operacionalização do conceito de lugar, a fim de compreender como as táticas de apropriação dos meios de comunicação nos bairros e distritos da cidade contemporânea são capazes de subverter – em contextos espaço-temporais específicos – as estratégias hegemônicas dos meios de comunicação de massa.

Novas perspectivas epistemológicas se abrem com a operacionalização do conceito de lugar na análise dos processos de produção do espaço urbano, em especial para os estudos sobre as trajetórias e as táticas dos diferentes grupos e iniciativas responsáveis pela apropriação sócio-espacial dos meios de comunicação nas metrópoles contemporâneas, a partir das ideias de Michel de Certeau (1994).

Busca-se proceder aqui a uma análise fenomenológica e praxeológica das trajetórias culturais dos grupos e iniciativas que produzem e reproduzem ideias alternativas de cultura, apreendendo a composição dos lugares onde esses grupos atuam, bem como a inovação que modifica esses lugares ao atravessá-los, por sua abrangência de atuação (Certeau, 2003).

Como analisar a ação e o discurso dessas iniciativas?

Como a ação e o discurso dessas iniciativas produzem lugares em Salvador e Berlim?

Nos capítulos que se seguem, grupos e iniciativas são analisados a partir de uma reflexão teórico-metodológica que valoriza as relações entre técnica, cultura e política na produção de lugares no mundo contemporâneo, revelando sua atuação e aprofundando a compreensão de suas trajetórias nos respectivos lugares de ocorrência.

Analisar a ação e o discurso dos grupos e das iniciativas significa também explicitar um conflito basilar nos processos de apropriação sócio-espacial dos meios de comunicação nos diferentes lugares da cidade contemporânea: a existência de dois "sistemas" que recortam e "fabricam" lugares de modo diferenciado. De um lado, um sistema que recorta e concebe o espaço política e administrativamente, de outro, um sistema baseado nas táticas de apropriação espacial dos grupos e iniciativas que, por sua vez, precisam conviver e "negociar" com esses limites político-administrativos "oficiais".

Assim, é importante a caracterização dos grupos e das iniciativas, atentando-se para suas formas de organização e mobilização de recursos, contextualizando-as nos respectivos lugares de ocorrência. É necessário também explicitar os conflitos resultantes da ação dos grupos e das iniciativas, as limitações jurídicas e políticas para sua atuação, assim como a espacialidade que embasa suas táticas de apropriação dos meios de comunicação.

Afinal, como os grupos e as iniciativas recortam o espaço?

Que espacialidade é expressa através de sua ação e de seu discurso?

Seu discurso e sua ação valorizam e explicitam os lugares onde atuam?

Nesse contexto, é também igualmente necessário se debruçar sobre o papel da técnica como mediação entre mídia e lugar. O acesso à "técnica" é, porém, desigual e hierárquico, produzindo homogeneidades, de um lado, bem como fragmentação e cisões espaciais, de outro, demonstrando a existência de lugares, onde a técnica seria incipiente e/ou mal (e/ou pouco) utilizada/apropriada.

Se concordarmos com Walter Benjamin (1996; 2000), podemos dizer dialeticamente que "a" técnica é também produtora de hegemonias e pertence aos "vencedores", que contam a história e produzem a memória como "mercadorias".

Mas aqui, tão importante quanto o estudo das técnicas, é a análise do modo pelo qual elas se localizam no tempo e no espaço e são apropriadas por agentes e grupos não hegemônicos, viabilizando a enunciação e a "fabricação" de lugares através do rádio, do vídeo e da internet.

As contribuições de Milton Santos e Paul Claval: por uma (outra) Geografia das técnicas e dos meios (modos) de comunicação?

A heterogeneidade da difusão das técnicas e dos objetos técnicos resulta do modo desigual como eles vão se inserir no tempo e no espaço – na história e no território. Para Milton Santos (1996), as técnicas e os objetos técnicos precisam sempre ser analisados em conjunto com seu entorno, já que o espaço preexistente vai incorporá-los de modo particular nos respectivos lugares de ocorrência.

Assim, sob uma perspectiva geográfica, as técnicas e os objetos técnicos seriam redefinidos pelo espaço, que os incluiria em um "conjunto coerente" através da contiguidade espacial, exigindo também ações solidárias e coletivas para seu funcionamento. Um enfoque geográfico das técnicas vai pressupor, portanto, uma reflexão de como os objetos técnicos se contextualizam em um dado lugar e de como as ações humanas se realizam nesse substrato (Santos, 1996).

Milton Santos vai enfatizar, no contexto do processo atual de globalização, que a desejada homogeneização do espaço por parte das grandes organizações e a partir de uma tecnologia "cegamente utilizada" revela-se como uma impossibilidade, devido à realidade e aos constrangimentos espaciais presentes nos diferentes territórios (e lugares).

As técnicas influenciam o modo como percebemos o espaço e o tempo, não só por sua existência física, mas também pela maneira como afetam nossas sensações e nosso imaginário. Por outro lado, os lugares vão se relacionar de modo diferenciado com as técnicas e os objetos técnicos, de acordo com as condições que oferecem enquanto "meio operacional", para viabilizar a produção, a circulação, a comunicação, o lazer etc.

Mas, se o espaço é passível de uma avaliação objetiva, como "meio operacional", enquanto "meio percebido" (e aqui, poderíamos acrescentar, como "meio concebido") vai exigir uma avaliação de cunho subjetivo (algo que nos interessa particularmente para o desenvolvimento da análise da relação entre mídia e lugar): "na realidade, o que há são invasões recíprocas entre o operacional e o percebido. Ambos têm a técnica como origem e por essa via nossa avaliação acaba por ser uma síntese entre o objetivo e o subjetivo" (Santos, 1996: 45).

A proposta de Santos pode ser desdobrada para compreensão das técnicas como produtoras de articulação/contatos/encontro e/ou isolamento/segregação, algo especialmente instigante na análise dos meios de comunicação e de sua apropriação sócio-espacial nos diferentes lugares das metrópoles contemporâneas.

É possível a convivência de modos "diretos" de comunicação (contatos face a face para a troca de informações) com aqueles intermediados pela técnica, pela mídia?

Paul Claval (2003) acha que as sociedades contemporâneas recorrem permanentemente à escrita e às mídias audiovisuais, mas não deixaram de lado os modos diretos de comunicação, baseados nos contatos face a face e na palavra falada. Assim, os modos de comunicação se complementam no lugar e, ao contrário dos modos de produção, não sucedem uns aos outros, os modos mais antigos convivendo com os mais novos, no espaço e no tempo.

As mídias diferem dos meios mais "tradicionais" de comunicação por uma maior capacidade de memorizar informações, assim como pelo modo de processá-las e pelos suportes necessários para o estabelecimento do processo de comunicação. O que chamamos revolução das mídias resulta, sobretudo, do desenvolvimento de novas técnicas e de novos objetos técnicos (Claval, 2003).

Essa revolução dos meios de comunicação se dá, no entanto, em convivência (pacífica ou não) com os meios e modos mais tradicionais. O que muda é a velocidade com que as informações passam a ser trocadas, encurtando distâncias entre os lugares do mundo contemporâneo e possibilitando o intercâmbio de uma quantidade muito maior de imagens, sons e textos do que em passado relativamente recente.

Entre 1500 e 1900, a evolução do universo da comunicação parecia algo estável e simples, com o progresso das técnicas de impressão, o sucesso da imprensa escrita e a generalização da obrigatoriedade escolar para as crianças, tornando o papel da comunicação escrita cada vez mais importante. Com o advento do gramofone, do rádio, da fotografia, do cinema, da televisão e do computador, ganham novamente força as imagens e a palavra falada (Claval, 2003). Ao mesmo tempo, a existência de redes de comunicação planetária e a simultaneidade das trocas fazem desaparecer as antigas estruturas e hierarquias que, no passado, pareciam naturais.

Analisando a metamorfose do modo de exposição da obra de arte pela evolução das técnicas de reprodução, Benjamin (1996) enfatiza o surgimento e a evolução do cinema: o cinema corresponderia a metamorfoses profundas do aparelho perceptivo, como as que experimenta o passante, numa escala individual, quando enfrenta o tráfico de veículos. No cinema, o valor de distração é fundamentalmente de ordem tátil, baseia-se na mudança de lugares e ângulos, que "golpeiam" intermitentemente o espectador. A associação de ideias do espectador é interrompida imediatamente, com a mudança de imagem. Nisso se baseia o "efeito do choque" provocado pelo cinema, que, como qualquer outro choque, precisa ser interceptado por uma ação aguda (Rouanet, 1987).

Se o cinema vai provocar transformações importantes nas estruturas perceptivas da sociedade, a revolução contemporânea dos meios de comunicação vai acelerar ainda mais esses processos, fazendo desaparecer a compartimentação que caracterizava os espaços no passado, em benefício de uma transparência que torna cada lugar visível a todos os outros. A revolução dos meios de comunicação unifica a tal ponto o espaço das atividades humanas, que não parece exagero, para Claval, afirmar que uma recomposição total dos sistemas de poder e coabitação entre as culturas (e as diferentes ideias de cultura) está definitivamente em curso.

No entanto, essa revolução é diversamente experienciada nos diferentes lugares do mundo contemporâneo, ensejando uma análise geográfica da disseminação das técnicas de comunicação e informação a partir dos processos de apropriação sócio-espacial dos objetos técnicos em sua dimensão local.

Não se propõe aqui uma análise localista ou "microgeográfica" do fenômeno, mas de como os meios de comunicação podem servir de mediação para a concepção/enunciação de lugares a partir da ação e do discurso de diferentes grupos e iniciativas, portadores de ideias alternativas ou contra-hegemônicas de cultura.

São essas ideias que vão estabelecer diferentes "enredos" do/no lugar, contados a partir da ação tática de grupos e iniciativas, protagonistas ainda pouco visíveis da esfera pública urbana na contemporaneidade.

A Geografia e os lugares da enunciação

Na Geografia, o conceito de lugar vem sendo trabalhado por diferentes correntes e vieses paradigmáticos, ora associado a uma análise marxista – que vê aí a possibilidade de discussão do conceito pensando os lugares como as distintas versões dos processos de reprodução do capital ao redor do mundo –, ora associado a uma análise fenomenológica e humanista – entendendo-se os lugares como o lócus da reprodução da vida cotidiana, permeada por diferentes visões de mundo e diferenciadas ideias de "cultura".

Tais abordagens suscitam questões sobre o papel dos lugares nas cidades contemporâneas, em um contexto de metropolização, fragmentação e homogeneização, que vai conformando cada vez mais e de modo mais profundo lugares hierarquizados por lógicas econômicas e políticas, em geral de caráter extralocal. A metrópole parece negar os lugares, sobrepondo valores e conteúdos hegemônicos às experiências enraizadas na vida cotidiana de cada lugar.

Se considerarmos que sempre agimos a partir de um lugar e que essas ações se constituem em um enredo, uma enunciação, então todos os lugares são lugares da enunciação, base para a reprodução do vivido e para a realização das práticas espaciais.

Mas, em um contexto de externalidades, a um só tempo impostas e hegemônicas, há ainda a possibilidade de se falar em um "enredo do lugar"?

Quem conta, afinal, os enredos dos diferentes lugares nas metrópoles capitalistas?

A primeira questão nos leva a um contexto de competição entre os lugares do mundo, em busca de inserção no mercado de vantagens comparativas e de produção de mais-valias relativas, sublinhando a lei de um desenvolvimento desigual e combinado do modo capitalista de produção. Esse é um enredo ao mesmo tempo produtor e produto de hegemonias e hierarquias urbanas na escala mundial, o enredo da metrópole, que parece sufocar o enredo dos lugares.

Nesse contexto, parece difícil falar ainda de "lugares" como espaços vividos e da experiência. Em lugares que, de alguma maneira, subvertam ou questionem as lógicas hegemônicas de produção do espaço urbano nas metrópoles capitalistas. Parece, no entanto, que "lugares" existem e persistem nas "brechas" metropolitanas, sobretudo nas áreas populares das metrópoles.

No campo fenomenológico, o lugar é entendido como um fenômeno da experiência humana. Os lugares clamam nossas afeições e obrigações, conhecemos o mundo através dos lugares nos quais vivemos. Lugares são existenciais e uma fonte de autoconhecimento e responsabilidade social (Relph, 1979).

A "distância" é um conceito espacial inexpressivo separado da ideia de objetivo ou lugar (Tuan, 1983); é no lugar, onde as diversas experiências de espaços podem relacionar-se de um modo particular. A condição humana supõe um espaço, um conjunto de relações e de trocas, de direções e distâncias, que vão condicionar de algum modo o lugar de sua existência (Dardel, 1990 [1952]).

E são as experiências humanas que vão definir afinal o lugar como histórico, relacional e identitário: um espaço que não se pode definir nem como identitário, nem como relacional, nem como histórico deve ser encarado, então, como um não lugar. Porém, o não lugar nunca existe sob uma forma pura: lugares se recompõem nele; relações se reconstituem nele. O lugar e o não lugar são, antes, polaridades fugidias: o primeiro nunca é completamente apagado e o segundo nunca se realiza totalmente (Augé, 1994).

Uma fenomenologia do lugar abre uma porta de entrada para a análise do espaço geográfico, mas não esgota em toda a sua potencialidade a operacionalização do conceito no âmbito da Geografia. Como fenômeno da experiência humana, o lugar também expressa e condiciona a rotina, os confrontos, os conflitos e as dissonâncias, possibilitando uma leitura da vida cotidiana, com seus ritmos e contradições (Carlos, 2001).

Como distintas versões da mundialização (Santos, 1994), os lugares são reflexo e condição para a reprodução das relações sociais, políticas, culturais e econômicas nas mais diversas escalas de análise (Tuan, 1983), possibilitando sempre dialetizar a relação sociedade-espaço. A operacionalização do conceito de lugar na Geografia é, portanto, uma porta de entrada, mas também uma forma de aprofundamento das análises espaciais, a partir da definição dos espaços de conceituação pertinentes aos fenômenos que se quer explicitar, nas escalas urbana e metropolitana (Castro, 1995).

Apropriar-se – taticamente – dos meios de comunicação em uma escala local significa, para os grupos e iniciativas envolvidos nesses processos, enunciar um lugar a partir da ação e do discurso, "fabricando" lugares nas mais diversas escalas espaciais, para a reprodução de novas ideias de cultura a partir da criatividade e da subversão, marcando a emergência, como pressupomos aqui, de uma esfera pública urbana renovada.

Ação e discurso: táticas *versus* estratégias

A ação é a única atividade que se exerce entre os seres humanos, sem mediação das coisas ou da matéria, correspondendo à "condição humana da pluralidade" (Arendt, 2000: 15). Para Hannah Arendt, a ação é a atividade política por excelência. Desse modo, razão e vontade, baseadas em princípios universais, estão na base da ação e fundamentam o agir político.

Porque é livre, a ação não está subordinada nem ao intelecto nem aos ditames da vontade, mas precisa de ambos para a consecução de um objetivo qualquer. A ação se baseia em princípios que parecem operar como fonte externa de inspiração e são de ordem muito geral para pressupor metas particulares, "embora todo desígnio possa ser julgado à luz de seu princípio uma vez começado o ato. Pois, ao contrário do juízo do intelecto que precede a ação e do império da vontade que a inicia, o princípio inspirador torna-se plenamente manifesto somente no ato realizador" (Arendt, 2002c: 198-199).

Ainda de acordo com os pressupostos de Arendt, ação e discurso estão intrinsecamente relacionados, já que nenhuma outra atividade humana precisa tanto do discurso quanto a ação. "A ação e o discurso são os modos pelos quais os seres humanos se manifestam uns aos outros, não como meros objetos físicos, mas enquanto homens" (Arendt, 2000:189).

E esse é precisamente o sentido, talvez perdido ou ocultado pela sociedade de massas do período contemporâneo, que queremos dar à análise da ação e do discurso de grupos e iniciativas envolvidos nos processos de apropriação sócio-espacial dos meios de comunicação na contemporaneidade, destacados neste livro: o sentido da pluralidade humana, que embute em si mesmo, de modo dialético, igualdade e diferença.

Para esses grupos e iniciativas, trata-se de viabilizar um espaço de mediações, uma esfera pública urbana renovada, regida por uma nova ética capaz de nortear a um só tempo ação e discurso e produzir/enunciar um "lugar".

Porém, a ética do discurso não pode se orientar por conteúdos determinados *a priori*, mas sim por um procedimento rico em pressupostos, que garantam a imparcialidade na formação do juízo, já que a constituição de uma esfera pública como instância de mediação, deve basear-se em três princípios universais: "a completa *reversibilidade* dos pontos de vista a partir dos quais os participantes apresentam seus argumentos; a *universalidade*, no sentido de uma inclusão de todos os concernidos; (e) finalmente, a *reciprocidade* do reconhecimento igual das pretensões de cada participante por todos os demais" (Habermas, 2003: 149).

Esta (nova) ética se baseia em princípios de cunho tático e, muitas vezes, subverte, pelo uso e pela ação, as estratégias de grupos hegemônicos, como sublinhado por Michel de Certeau (1994), nos processos de produção do espaço. Na ausência de um lugar, de "um próprio", esses grupos e iniciativas enunciam o "lugar" através de ações calculadas – táticas: "a tática não tem por lugar senão o do outro. E por isso deve jogar no terreno que lhe é imposto [...] ela opera golpe por golpe, lance por lance" (Certeau, 1994: 100).

As táticas seriam, portanto, os métodos praticados em uma espécie de guerrilha do cotidiano, demonstrando uma utilização hábil do tempo, através de movimentos rápidos, que vão mudar a organização do espaço. Elas são um contraponto para as estratégias, vistas como ações que resultam de certo poder sobre o lugar e o transforma naquilo que Certeau vai chamar de um "próprio". As estratégias elaboram e criam lugares segundo "modelos abstratos" e práticas tecnocráticas, enquanto as táticas enunciam lugares a partir de ações "desviacionistas", sendo ambas localizáveis no tempo e no espaço (Certeau, 1994: 92).

Essas reflexões apontam para a possibilidade de emergência das "artes do fazer" entre aqueles que, pela ausência de poder sobre um lugar, acabam por agir de modo inventivo, através das práticas cotidianas, para fazer do "enunciado" e do uso nodosidades inseparáveis do contexto espacial onde constroem suas trajetórias. O "enunciado" fornece, portanto, um modelo e pressupõe: "1. uma efetuação do sistema linguístico [...]; 2. uma apropriação da língua [...]; [...] 3. a construção de um contrato relacional ou de uma alocução [...]; 4. a instauração de um presente pelo ato do eu que fala" (Certeau, 1994: 96).

Ao intencionar estudar as relações entre mídia e lugar e as iniciativas e os grupos que se apropriam dos meios de comunicação em uma dimensão local, parece, pois, importante entender essa relação também sob a perspectiva da enunciação, privilegiando-se a ação e o discurso desses grupos e iniciativas na análise pretendida. Esses processos de apropriação podem revelar "maneiras de fazer" constituintes de práticas sócio-espaciais, através das quais esses agentes "se reapropriam do espaço organizado pelas técnicas da produção sociocultural" (Certeau, 1994: 41).

A enunciação permite a um só tempo o exercício das artes do fazer e do falar, constituindo-se em um repertório para esses grupos e iniciativas, que produzem conteúdos relacionados com seus lugares de atuação para o rádio e a internet e, em situações mais raras, para a televisão.

E aqui minha análise distingue-se em parte das pesquisas de Michel de Certeau, que vê no consumo uma possibilidade de subversão do instituído pelo uso – com o que, aliás, concordo: nos casos analisados neste livro, não se trata somente de consumo, mas também de produção de conteúdos, de programas e de informações veiculadas de forma criativa em rádios independentes ou comunitárias, no universo virtual da internet (sites, blogs, Orkut etc.) ou na televisão (como no caso do "Offener Kanal" – o "Canal Aberto" de Berlim).

Porém, esses grupos e iniciativas não dispõem, em geral, de um lugar "próprio" como base segura de suas ações, necessitando ocupar as brechas abertas pela produção cultural dos agentes e grupos hegemônicos que controlam os meios de comunicação de massa. Seu contexto de atuação são os bairros populares e os centros de cultura "alternativa" das metrópoles contemporâneas. Propagam-se e se disseminam a partir de uma matriz popular e "alternativa", por vezes difusa, que de algum modo distingue suas ações e seu discurso através de uma atuação de ordem tática, subvertendo em alguns momentos a lógica de produção (e consumo) dos meios de comunicação de massa.

Segundo Downing (2002), a cultura popular é, sem dúvida, uma matriz genérica do que ele denomina de "mídia radical alternativa", que se entrelaça e dialoga também com a cultura de massa comercializada e com as "culturas de oposição". Para o autor, a matriz da mídia radical alternativa é "relativamente independente da pauta dos poderes constituídos e, às vezes, se opõe a um ou mais elementos dessa pauta". Por outro lado, essa mídia é parte integrante do tecido sociocultural em seus respectivos lugares de atuação, não se encontrando "isolada, de modo ordeiro, em um território político reservado e radical" (Downing, 2002: 39).

Pressupor a existência de uma lógica para a ação (e o discurso) desses grupos e iniciativas significa também supor que as ideias de cultura popular se realizam de modo diferente daquelas ideias de cultura erudita. Isso porque as primeiras são formuladas essencialmente através das "artes do fazer" e colocam em movimento uma espécie de razão popular e alternativa, "uma maneira de pensar investida numa maneira de agir, uma arte de combinar indissociável de uma arte de utilizar" (Certeau, 1994: 42).

De especial interesse é o entendimento das práticas cotidianas de apropriação dos meios de comunicação por esses grupos e iniciativas como do tipo "tática", que podem apresentar continuidades e permanências, as quais se pretende revelar nas páginas deste livro. Através dessas práticas, os agentes vão traçar "trajetórias indeterminadas" que parecem não guardar coerência com o "espaço construído, escrito e pré-fabricado onde se movimentam. São frases imprevisíveis num lugar ordenado pelas técnicas organizadoras de sistemas" (Certeau, 1994: 97).

Nas entrevistas que embasam as análises empreendidas neste livro, deu-se especial atenção às trajetórias e táticas dos diferentes grupos produtores de conteúdos para o rádio, a internet e a televisão, nos bairros populares e nos centros de cultura alternativa, em Salvador e Berlim, atentando-se para os seguintes questionamentos:

- Como as práticas de apropriação dos meios de comunicação por esses grupos se contrapõem às estratégias dos agentes hegemônicos?
- Que ideias de cultura e de lugar esses grupos veiculam através de sua atuação?
- Como se colocam "em jogo" as práticas de apropriação dos meios de comunicação por esses grupos? Como instauram um "presente relativo a um momento e a um lugar" (Certeau, 1994: 40)?
- De que modo estabelecem "um contrato com o outro (o interlocutor) numa rede de lugares e de relações" (Certeau, 1994: 40)?

- Como esses procedimentos populares/alternativos "jogam com os mecanismos da disciplina e não se conformam com ela a não ser para alterá-los" (Certeau, 1994: 41)?
- Em que grau os meios "populares" e/ou "alternativos" fazem uso das ideias de cultura "difundidas e impostas pelas 'elites' produtoras de linguagem" (Certeau, 1994: 41)?

Baseando-se em Don Mitchell (1999), esse último questionamento foi ainda desdobrado através de uma abordagem crítica, sugerida pelo autor, no sentido de buscar compreender como as ideias de cultura funcionam para "controlar e ordenar aspectos de um mundo indisciplinado (mas, não obstante, altamente estruturado)" (Mitchell, 1999: 47). Buscou-se, com isso, compreender como as ideias de cultura, veiculadas por esses grupos, com atuação nos bairros e centros culturais de Salvador e Berlim, operam na prática social, como esses grupos e agentes "inventam [...] táticas, transformam relações, produzem artefatos, literatura, música e economia alternativa" (Mitchell, 1999: 47). Assim, surgiram outros questionamentos que nortearam a análise empreendida neste livro:

- Até que ponto as práticas de apropriação dos meios de comunicação pelas classes populares e grupos da cena artística e cultural local acabam também por veicular conteúdos da cultura de massas, reforçando as ideias hegemônicas de cultura?
- Qual seu impacto na constituição de ideias alternativas de cultura enraizadas nos lugares onde atuam?
- Como transformam "as práticas materiais (espaciais e outras), através das quais a vida cotidiana prossegue" (Mitchell, 1999: 47)?

Pretendeu-se também especificar, na análise das entrevistas realizadas, as trajetórias e táticas dos diferentes grupos analisados de acordo com seu potencial de "ludicidade", tratando suas práticas como transversalidades lúdicas que encontram expressão na apropriação dos meios de comunicação nos bairros populares e na cena artística e cultural "alternativa" em Salvador e Berlim.

- Como essas trajetórias e táticas se contrapõem à lógica uniformizante das estratégias hegemônicas de produção do espaço?
- Como elas se relacionam e dialogam com os lugares onde estão inseridas?
- Como os diferentes grupos se apropriam das técnicas inerentes aos meios de comunicação específicos e como as utilizam para a produção do "lúdico"?
- Há indícios/evidências de reconstrução, através dessas práticas, de uma "centralidade lúdica", como proposto por Lefebvre (1991), em espaços cada vez mais dominados pela troca e pela circulação?

Buscou-se, assim, evidenciar a capacidade humana de invenção lúdica, entendendo-a, a princípio, como um conjunto de táticas com potencial de subversão das estratégias hegemônicas dos meios de comunicação de massa, que vão rapidamente transformando história, cultura e tradição em divertimento e lazer.

Direito à cidade através dos meios de comunicação: o papel da participação popular

Romper com o isolamento e caminhar em direção à abertura e ao encontro, subvertendo a lógica hegemônica de funcionamento dos meios de comunicação de massa: eis o grande desafio a ser enfrentado pelos meios populares/alternativos de comunicação. Para esses grupos que produzem conteúdos veiculados nas rádios livres ou comunitárias e nos domínios virtuais alternativos, trata-se "da necessidade de uma atividade criadora [...], necessidades de informação, de simbolismo, de imaginário, de atividades lúdicas" (Lefebvre, 1991: 104).

Trata-se de abrir novos horizontes para o urbano e a sociedade urbana, dando novos conteúdos à temática do direito à cidade e explicitando as necessidades da cidade e da vida urbana. Essas necessidades são expressas aqui nas rádios livres ou comunitárias e nos domínios virtuais alternativos da rede mundial de computadores como lugares de simultaneidade e de encontros, nos termos colocados por Henri Lefebvre.

As palavras-chave para entender as relações existentes entre cidade e formas de apropriação popular dos meios de comunicação são *articulação* e *encontro*:

> São permitidas todas as audácias. Por que limitar essas proposições apenas à morfologia do espaço e do tempo? Não se excluem proposições referentes ao estilo de vida, ao modo de viver na cidade, ao desenvolvimento do urbano. (Lefebvre, 1991: 113).

Direito à cidade pressupõe, portanto, articulação, simultaneidade, encontro e, sobretudo, ação criadora, abrindo possibilidades novas de interpretação da cidade e do urbano a partir dos processos apropriativos dos meios de comunicação por grupos populares/alternativos na cidade contemporânea. Esses grupos são forças sociais capazes de dar concretude à "sociedade urbana", de tornar eficaz e efetiva a unidade da arte, do conhecimento e da técnica (Lefebvre, 1991: 113).

Devemos, antes de tudo, admitir a existência de culturas alternativas e contra-hegemônicas que nos *lugares do possível* possam se manifestar e renovar não só os conteúdos da cidade e do urbano, mas também da esfera pública e do planejamento na contemporaneidade:

> Num período em que os ideólogos discorrem abundantemente sobre as estruturas, a desestruturação da cidade manifesta a profundidade dos fenômenos de desintegração (social, cultural). Esta sociedade, considerada globalmente, descobre que é lacunar. Entre os subsistemas e as estruturas consolidadas por diversos meios (coação, terror, persuasão ideológica) existem buracos, às vezes abismos. Esses vazios não provêm do acaso. São também os lugares do possível. Contêm os elementos desse possível, elementos flutuantes ou dispersos, mas não a força capaz de os reunir [...]. As instâncias do possível só podem ser realizadas no decorrer de uma metamorfose radical (Lefebvre, 1991: 114).

Se considerarmos o espaço público da cidade contemporânea como o espaço da ação política e do embate/conflito entre as diferentes ideias e concepções de cultura (Serpa, 2007a), então as rádios livres ou comunitárias e os domínios virtuais alternativos podem ser considerados como entrelugares do acontecer político e cultural que se transformam paulatinamente em objetos urbanos apropriados de modo criativo e político pelas classes populares. Lugares do possível e entrelugares do acontecer solidário que renovam a esfera pública urbana, possibilitando também novas estratégias e táticas de planejamento da cidade e do urbano.

Berlim e Salvador: laboratórios da enunciação

Inspirado por uma palestra de Paul Claval proferida em um Encontro da IGU (International Geographical Union/Comission on the Cultural Approach in Geography) no Rio de Janeiro, iniciei, em 2007, novos levantamentos de campo em bairros populares de Salvador, já analisados em outros estudos pelos pesquisadores dos Grupos Espaço Livre de Pesquisa-Ação e Territórios da Cultura Popular, do Departamento de Geografia da Universidade Federal da Bahia. Meu foco recaía agora sobre grupos e iniciativas protagonistas de táticas de apropriação dos meios de comunicação nas áreas populares da metrópole soteropolitana, em especial sobre sua atuação como produtores de conteúdos para o rádio e a internet.

Em março de 2009, segui para Berlim para um pós-doutorado de sete meses no Instituto de Geografia da Humboldt Universität com o objetivo de pesquisar as táticas de apropriação dos meios de comunicação por grupos e iniciativas dos bairros populares e dos centros culturais alternativos na capital alemã. O projeto de pós-doutorado pretendia aprofundar e dar continuidade às pesquisas e reflexões que vinham sendo desenvolvidas desde 2007 em Salvador.

A escolha de Berlim justificou-se pelo fato de essa cidade se destacar atualmente no cenário europeu e mundial como uma centralidade cultural, política e econômica, que vem atraindo migrantes de todo o continente, consolidando sua vocação como porta de entrada para migrantes da Europa Oriental. Sua história de "cidade partida" entre dois modelos político-econômicos até o final dos anos 1980 é ainda bastante evidente na geografia atual da cidade, onde, hoje, uma linha invisível parece separar o que até o fim da Guerra Fria era dividido por um muro real.

Vinte anos se passaram desde a queda do Muro de Berlim. A cidade comemorou em 2009 o fato com uma programação rica em atividades.

Pôde-se conferir, por exemplo, uma grande exposição de fotografias na praça Alexander Platz ou ver de perto a restauração da East Side Gallery, um pedaço de muro ainda existente que se transformou numa galeria de arte a céu aberto. Tudo foi preparado para a grande festa do dia 9 de novembro, marcando as duas décadas da "revolução pacífica", que mudou a paisagem da cidade e a geopolítica do mundo atual.

Em Berlim, ouvi com frequência uma afirmação recorrente: a de que o muro persiste enquanto paisagem interiorizada pelos habitantes da cidade. Isso me fez aguçar a curiosidade pelo muro que ainda estaria ali, mas não se mostrava ao observador desatento. Onde buscar esse muro internalizado?

Foto: Angelo Serpa

Grafiteiros no Mauerpark (Parque do "Muro") em Berlim.

Deparei-me, então, com um estudo de Bóris Grésillon, que revela, ainda hoje, a presença do muro no cotidiano da cidade: 40% dos moradores da ex-Berlim Oriental não sabem dizer onde se situam importantes marcos referenciais da ex-Berlim Ocidental, e 34% dos habitantes da ex-Berlim

Ocidental não demonstram nenhuma vontade de se mudar para o distrito ou bairro vizinho, se eles se localizam na ex-Berlim Oriental (Grésillon, 2000).

Os berlinenses do "oeste" se deslocam essencialmente na parte ocidental da cidade, com exceção de saídas culturais e relacionadas ao lazer nos distritos de Mitte ou Prenzlauer Berg (ambos localizados na ex-Berlim Oriental, hoje centralidades culturais importantes da cidade). Os berlinenses do "leste" se deslocam mais, mas seus deslocamentos se dão em função do trabalho, o que indica também a má distribuição dos empregos, ainda hoje concentrados na parte ocidental (Grésillon, 2000).

No tocante à imprensa escrita regional, a divisão entre leste e oeste ainda é incrivelmente visível: 80% dos leitores do *Berliner Zeitung* e do *Berliner Morgen Post* (jornais que circulavam na ex-Berlim Oriental antes da queda do muro) são da parte leste da cidade; enquanto 84% dos leitores do *BZ*, do *Berliner Kourier*, do *Bild* e do *Tagesspiegel* (jornais da ex-Berlim Ocidental) são do lado oeste da cidade (Grésillon, 2000).

Isso tudo fazia supor também a existência de diferenças ainda significativas entre os bairros das antigas Berlim Oriental e Ocidental, não só em termos do perfil socioeconômico e cultural da população, mas também em termos de valorização do solo urbano, da infraestrutura existente e da oferta de empregos e serviços aos moradores, dando a ideia da existência de bairros de perfil nitidamente popular, no que tange aos aspectos econômicos e sociais, mas também culturais.

Paradoxalmente, para os padrões alemães, Berlim é uma cidade relativamente pobre, o que pode ser constatado por seu percentual de desempregados (20%) e por mais de 120 mil imóveis desocupados. Se, durante os anos de Guerra Fria, muitos recursos foram investidos na parte ocidental da cidade, para demonstrar a força e a pujança do sistema capitalista, após a queda do muro, há duas décadas, Berlim se transformou em um oásis de aluguéis muito baratos e preços geralmente mais baixos que no contexto europeu. A cidade é polo de atração para artistas e designers em busca de inspiração e, sobretudo, de espaço, principalmente nos bairros da parte oriental.

Assim, uma abordagem geográfica e cultural para a temática aqui apresentada – a apropriação dos meios de comunicação nos bairros populares da cidade contemporânea – em uma cidade como Berlim contribuiu para fornecer novos subsídios e parâmetros comparativos para as pesquisas desenvolvidas em Salvador, a partir do contato com grupos e iniciativas que usufruíam de mais acesso e maior domínio das tecnologias utilizadas que no contexto brasileiro. Entrevistas com os protagonistas dessas iniciativas na cidade constituíram a base principal das análises empreendidas no terceiro capítulo deste livro.

Os dois contextos espaciais analisados forneceram a base para a operacionalização das questões apresentadas neste primeiro capítulo. Partiu-se da premissa de que há, em Berlim e Salvador, espaços de ações e interações, de interpelações, de expressão e de poder, em última instância, um espaço do discurso, que muitas vezes não coincide com o discurso sobre o espaço e no espaço (Lefebvre, 2000). É isso que transforma Berlim e Salvador em verdadeiros laboratórios da enunciação de lugares.

São as táticas de apropriação dos grupos e iniciativas em Salvador e Berlim que vão criar esse espaço da palavra, englobando também o espaço do corpo e se desenvolvendo através de uma escrita, que prescreve valores e inscreve essas iniciativas no contexto urbano e metropolitano na contemporaneidade.

Atuação: o falar investido no agir, o agir enunciando o lugar

Ao enunciar lugares, em Berlim e Salvador, através das táticas de apropriação dos meios de comunicação, os grupos e as iniciativas reúnem o falar e o agir de modo indissociável, sendo difícil a separação da unidade dialética entre ação e discurso. Ao adentrarem a esfera pública urbana, esses grupos e iniciativas atuam sobre o espaço, enunciando lugares através de um falar investido no agir – e de um agir investido no falar – e construindo trajetórias no tempo e no espaço, através de suas táticas de atuação.

O conceito de atuação é aqui proposto como uma unidade dialética, como ação e como discurso. Quem atua constrói uma trajetória no tempo e no espaço, enunciando lugares e subvertendo taticamente as estratégias hegemônicas de produção do espaço no mundo contemporâneo. Atuação é vista aqui como algo diferente de "performance" ou "performatividade" (*performativité*, em francês) e sua proposição não é simplesmente um exercício de retórica, mas, acredita-se, permite a operacionalização das questões colocadas para a análise dos grupos e iniciativas nos dois contextos espaciais analisados.

O conceito de performance (performatividade) remete a John Austin, filósofo da linguagem, bem como à oposição entre agentes performativos e agentes constatativos, explicitando também a ideia de que, nos discursos ritualísticos e/ou institucionais, o falar se constitui em uma ação sobre o mundo. Mas essa ação sobre o mundo se restringiria, ao mesmo tempo, aos agentes ditos performativos, àqueles que possuem a possibilidade do *falar enquanto ação* (Lévy e Lussault, 2003).

Nos termos discutidos aqui, esses agentes seriam aqueles que disporiam de um "próprio" de uma base segura para formulação e implementação de suas estratégias de produção do espaço: aqueles, portanto, que controlam a produção de conteúdos para os meios de comunicação de massa e que, por isso, deteriam o monopólio do "falar" que é ao mesmo tempo "fazer".

Embora o conceito de performatividade tenha sido alargado para abarcar também os agentes ditos constatativos, para analisar o papel da palavra e do discurso na constituição da vida social –, considerando todo enunciado, mesmo descritivo, como susceptível de apresentar efeitos performativos sob os diferentes aspectos da vida social (Lévy e Lussault, 2003) –, acreditamos que, mais que uma atualização do conceito de performance/performatividade, a noção de atuação representa sua superação.

Atribuir estatuto de conceito à noção de atuação permite, sobretudo, a compreensão do *discurso como interação*, fazendo dialogar contextos plurais de enunciação e englobando as diferentes táticas de apropriação dos meios de comunicação aqui analisadas como um fazer investido no falar e um falar investido no fazer.

A operacionalização do conceito de atuação pode ainda possibilitar a análise de como ação e discurso vão atuar enquanto uma unidade inseparável na construção dos espaços vividos, percebidos e concebidos, embasando as táticas do fazer e do falar desses agentes. Esses agentes, que não se encontram isolados em seus respectivos contextos de enunciação, atuam transformando conteúdos hegemônicos em algo "outro", ao relacionarem esses conteúdos com suas experiências cotidianas nos respectivos lugares de atuação.

Com relação à temática proposta neste livro, acredita-se que a técnica se traduz em tecnologia a partir da atuação dos grupos e iniciativas nas duas cidades analisadas: "As tecnologias são constituídas de um conjunto de discursos que asseguram a convergência entre ciência e técnica" (Lévy e Lussault, 2003: 894). As tecnologias de informação e comunicação possuem, de acordo com isso, uma dimensão sócio-espacial, já que são diversos seus modos de apropriação pelos usuários bem como pelos agentes econômicos e políticos em suas táticas e estratégias de produção do espaço.

Ao se apropriarem dos meios de comunicação e atuarem em seus respectivos contextos espaciais, esses grupos e iniciativas enunciam lugares através de um conjunto de táticas que subvertem as estratégias hegemônicas de produção do espaço, evidenciando o lugar não como algo dado, mas sim como algo dinâmico e processual: algo que se constrói a partir das diferentes trajetórias temporo-espaciais dos agentes produtores do espaço.

MÍDIA POPULAR E COMUNITÁRIA EM SALVADOR

Apresentando as pesquisas realizadas em Salvador

Em Salvador, analisamos exemplos concretos de práticas de apropriação dos meios de comunicação pelas classes populares, com foco nas iniciativas que se disseminam nos bairros da cidade, através das rádios comunitárias e dos domínios virtuais "alternativos" da rede mundial de computadores. Essas práticas subvertem – taticamente – a hegemonia cultural veiculada pelos meios de comunicação e criam entrelugares para o restabelecimento da ludicidade como valor transversal.

A pesquisa *A apropriação sócio-espacial dos meios de comunicação nos bairros populares da cidade contemporânea*, apoiada pelo CNPq, constituiu-se, ao longo dos últimos anos, no cerne dos trabalhos desenvolvidos pelos Grupos Espaço Livre de Pesquisa-Ação (Esplivre) e Territórios da Cultura Popular (Terracult), do Departamento e Mestrado de Geografia da Universidade Federal da Bahia.

O Grupo Espaço Livre de Pesquisa-Ação visa experimentar novas possibilidades de intervenção no espaço construído para habitação, em Salvador. As pesquisas objetivam produzir subsídios para o planejamento de áreas populares, articulando diferentes variáveis – transporte público, saneamento, comércio e serviços, espaço livre público e identidade cultural – na escala do bairro, priorizando o estudo de bairros populares como Plataforma, Pirajá, Alagados, Ribeira, Curuzu, São Tomé de Paripe, Boca do Rio, Itapuã, Paripe e Cajazeiras (ver: www.esplivre.ufba.br).

O Grupo de Pesquisa Territórios da Cultura Popular originou-se, no ano de 2004, das pesquisas desenvolvidas pelo Grupo Espaço Livre de Pesquisa-Ação, buscando aprofundar a análise das manifestações culturais em bairros populares de Salvador, a partir da operacionalização dos conceitos de território e identidade cultural. Visa-se inventariar as manifestações culturais em áreas populares da capital baiana como subsídio para a produção de vídeos-documentários.

As pesquisas sobre as manifestações culturais em bairros populares de Salvador, desenvolvidas nos anos anteriores pelos dois grupos de pesquisa mencionados, foram posteriormente desdobradas em estudos sobre a apropriação sócio-espacial dos meios de comunicação pelas classes populares, dentro do mesmo universo espacial. Dessa feita, buscávamos entender como os lugares se refletem nessas experiências e como essas experiências encontram rebatimento em seus respectivos lugares de ocorrência.

Após a escolha dos estudos de caso e a partir de uma tipologia construída e espacializada nas etapas anteriores, pretendíamos aprofundar o conhecimento relativo aos agentes produtores das rádios e dos domínios virtuais "alternativos" e suas formas de articulação e atuação nos bairros populares da cidade. Para isso, realizamos entrevistas estruturadas com esses agentes, além de aplicar questionários junto aos usuários/ouvintes dos domínios virtuais/das rádios comunitárias.

Os estudos sobre a apropriação sócio-espacial dos meios de comunicação nos bairros populares da cidade originaram um rico banco de dados relativo ao universo das rádios comunitárias e dos domínios virtuais alternativos com atuação nos bairros populares de Salvador-Bahia. Esse banco de dados contém informações detalhadas sobre os agentes e grupos responsáveis pelos processos de apropriação sócio-espacial dos meios de comunicação nos lugares analisados, bem como sobre o perfil dos ouvintes e usuários. Além disso, dispõe-se de dados relacionados às formas de apoio dessas iniciativas e à legislação que embasa sua atuação nos bairros analisados.

Foram produzidas também cartas temáticas visando explicitar a abrangência espacial de atuação desses meios de comunicação nos bairros populares pesquisados, localizando suas áreas de ocorrência e buscando correlacioná-las com a distribuição do comércio e dos serviços, incluindo as *lan houses*, nas centralidades de bairro. Isso permitiu revelar uma rede de parcerias e apoios entre o comércio local e os meios de comunicação analisados, especialmente no contexto das rádios comunitárias pesquisadas.

Aproximando a lente do universo das rádios comunitárias em Salvador

As filmagens do vídeo-documentário *Nas ondas da Maré FM* em maio de 2007 revelaram para os pesquisadores do grupo Terracult, apoiado pela Fapesb (Fundação de Amparo à Pesquisa do Estado da Bahia), um universo muito original. É uma rádio relativamente bem estruturada, com sede própria no bairro de Paripe, no Subúrbio Ferroviário de Salvador.

São vários locutores que se revezam à frente dos programas, levando informação, serviços e música para Paripe e outros bairros próximos, como Coutos e Valéria (a rádio tem um sinal de FM com alcance de 1 km a partir da sede e 25 caixas de som espalhadas na área comercial de Paripe). Paulista, um dos locutores e uma espécie de faz-tudo na rádio, afirma que a programação tem uma inserção inegável no cotidiano do bairro de Paripe, contando com o apoio e a parceria de alguns comerciantes locais. Para ele, cada locutor é a um só tempo psicólogo, conselheiro e animador, afirmando a importância da rádio para lançamento de grupos musicais locais e organização de festas e shows em Paripe.

Natural da zona leste de São Paulo e com experiência anterior como locutor na metrópole paulistana, Paulista ressalta também que, no dia a dia da emissora, é comum que os ouvintes venham à sede da rádio tecer comentários e fazer sugestões em relação à programação, além de aproveitar a oportunidade para conhecer os locutores pessoalmente. Iniciando um programa no momento em que a equipe de filmagens encontrava-se na sede da Rádio, Paulista deu um bom exemplo de como as notícias são veiculadas pela Maré FM.

De posse do jornal de maior circulação na cidade, leu a notícia do primeiro encontro do Papa Bento XVI com o presidente Luís Inácio Lula da Silva, por ocasião de sua visita ao Brasil, seguida do seguinte comentário: "O presidente Lula quer mesmo saber do Papa como conseguir um cargo vitalício. É isso que o povão está comentando por aí... esse povo gosta mesmo de falar!". A locução de Paulista e sua forma original de transmitir informação revelam que as notícias veiculadas na grande imprensa podem ser lidas e interpretadas de modo muito particular no cotidiano das rádios comunitárias, subvertendo, de certa forma, o modo hegemônico de transmissão de informação pelos veículos de comunicação de massa.

Para Paulista, uma rádio comunitária funciona ao mesmo tempo como escritório de advocacia, consultório de medicina ou de psicologia: é "um pouco de tudo". Na Maré FM, que esperou por dois anos o processo de legalização e, nesse meio tempo, funcionava "à base de liminares", a maioria dos locutores mora no bairro de Paripe. Por conta dessa proximidade, os moradores têm uma relação direta com os locutores, reforçando o *slogan* da emissora "É Legal e é Daqui":

> Aqui é a casa de todo mundo. Na saída dos colégios a sede da rádio fica sempre cheia, os meninos vêm para cá. A gente recebe cartas, bombons, telefonemas. Quando a gente passa na rua, as pessoas apontam; tem lugar que a gente senta para comer e não paga a conta, não deixam pagar. Temos fãs, ouvintes fiéis, fiéis mesmo! (Paulista, Rádio Comunitária Maré FM).

Foto: Arquivo do Grupo Espaço Livre de Pesquisa-Ação

Sede da Rádio Maré FM, em Salvador.

De acordo com o estabelecido pela Lei Federal 9.612, de 19 de fevereiro de 1998, do Ministério das Comunicações, a rádio comunitária é um tipo especial de emissora FM, de alcance limitado a, no máximo, 1 km a partir de sua antena transmissora, criada para proporcionar informação, cultura, entretenimento e lazer a "pequenas comunidades".

Trata-se de uma pequena estação de rádio, que não pode ter fins lucrativos nem vínculos de qualquer tipo com partidos políticos, instituições religiosas etc. Uma rádio comunitária deve: divulgar a cultura, o convívio social e os eventos locais; noticiar os acontecimentos comunitários e de utilidade pública; promover atividades educacionais e outras para a melhoria das condições de vida da população.

A norma n. 1/2004, que complementa as disposições relativas ao Serviço de Radiodifusão Comunitária, estabelece que a entidade autorizada a executar o serviço está obrigada a instituir um conselho comunitário, composto de representantes de entidades da localidade, tais como associações de classe, beneméritas, religiosas ou de moradores, com o objetivo de acompanhar a programação da emissora, com vistas ao atendimento exclusivo da comunidade local.

Do universo analisado, fazem parte também as rádios comunitárias que operam através do sistema de linha modulada, LM. Nesse caso, usam caixas de som e não transmitem ondas sonoras. A maioria das rádios comunitárias ou alternativas opera em Salvador através desse sistema, cujo funcionamento exige trâmites burocráticos mais simples: As emissoras precisam basicamente de uma autorização da Sucom (Superintendência de Controle e Ordenamento do Uso do Solo), órgão municipal que autoriza e fiscaliza as construções e reformas de casas e edifícios, bem como intervenções nas vias públicas. Esse é precisamente o caso da Rádio Comunitária Som Liberdade, como explica seu coordenador, Reginaldo:

> Temos licença da Sucom, estamos no ar há 26 anos, sempre funcionando com a licença, nossa rádio é LM (Linha Modular), temos 22 caixas de som espalhadas pelo bairro da Liberdade. Às vezes saio pelo bairro para ver a altura do som e se não tem nenhuma caixa de som sem funcionar, se tiver, conserto no mesmo dia. A licença não tem duração, difícil é conseguir a primeira, se você conseguir a primeira licença, você só precisa renovar, o que se torna mais fácil porque a rádio já está no ar e geralmente já tem o apoio da população.

São 67 rádios comunitárias em Salvador (das quais 51 são LM) e mais 25 atuando no interior do estado. Entre as rádios autodenominadas de "comunitárias" atuando na capital baiana, 16 são rádios FM. No caso das FMs, o órgão fiscalizador é a Anatel – Agência Nacional de Telecomunicações, que controla a transmissão das ondas sonoras. Quem está autorizado a transmitir em frequência FM tem que obedecer ao limite de 26 quilowatts. No universo das FMs, há casos de rádios itinerantes, sem autorização para funcionar, mudando de lugar em geral a cada três meses, para evitar uma possível autuação.

Foto: Arquivo do Grupo Espaço Livre de Pesquisa-Ação

Caixa de som da Rádio Maré no centro de Paripe, Salvador.

Constatou-se, através das enquetes/entrevistas com os moradores/ouvintes e com os responsáveis pelas rádios,[1] que seu funcionamento conta com algum apoio financeiro dos comerciantes dos bairros onde estão inseridas, em troca da divulgação de seus produtos/serviços e do nome de seus estabelecimentos. Sem apoios dessa natureza, as rádios certamente não estariam mais em funcionamento. Impedidas de atuarem com fins comerciais e em geral sem apoio institucional, sobrevivem pela paixão de seus donos. Os locutores das rádios comunitárias são moradores dos bairros e ganham muito pouco em comparação com o que se paga no mercado profissional.

Não há departamento de *marketing* e quem trabalha numa dessas emissoras é um "faz-tudo":

> Comecei a trabalhar em uma rádio em Paripe, e a partir daí adquiri conhecimento sobre o funcionamento de uma rádio comunitária e também passei a conhecer muita gente, inclusive o dono de um supermercado, onde tive a oportunidade de trabalhar com um carro de som. Trabalhei lá por três anos. Amava aquela profissão e, com os anúncios no carro de som, o supermercado vendia muito. Eu era um garoto-propaganda da empresa. Foi a partir deste trabalho que comecei a pensar em montar uma rádio comunitária. Já tinha todo conhecimento de como executar os programas, como montar o estúdio. Fui com a cara e a coragem. Iniciei com cinco caixas de som. Passaram-se trinta dias e já estava com 70 caixas distribuídas pelo bairro. A rádio cresceu e ainda tive a oportunidade de poder interagir com meu bairro, além de educar um pouco a população. Hoje a rádio tem 98 caixas (Djalma Santos, Rádio Comunitária da Boca do Rio).

No universo das emissoras pesquisadas, há aquelas nas quais uma única pessoa se responsabiliza por todas as atividades, como na RC Som Liberdade, enquanto em outras há divisão das tarefas de produção, atendimento ao público e locução dos programas, como no caso da Rádio Maré FM, com um diretor de programação, 12 locutores e 1 secretária, e da Rádio Amai Pró, na qual o trabalho é dividido por cerca de 17 colaboradores e todos gravam, apresentam e editam os programas.

Reginaldo, da RC Som Liberdade, ressalta as facilidades tecnológicas disponíveis atualmente para a produção da programação:

> Com o auxílio da tecnologia, hoje uma pessoa só faz toda programação de uma rádio. Podemos programar uma rádio para ficar duas ou mais horas no ar sem precisar ter alguém por perto. Sou o responsável por tudo que acontece na rádio, pelas coisas boas e ruins.

Além da programação musical, as rádios alternativas mandam mensagens de interesse público para os ouvintes, veiculam avisos de festas, relatos amorosos e oferecem serviços diversificados ao público, como a procura por pessoas desaparecidas e por documentos e objetos perdidos, ou a divulgação dos preços promocionais do comércio de vizinhança:

> A rádio surgiu através de pessoas que queriam ter uma emissora de rádio envolvida com os problemas do bairro, principalmente com o comércio e a comunidade. Também foi criada com o objetivo de ser um elo entre o povo e os políticos, os comerciantes e a comunidade. Às vezes crianças desaparecem e a rádio logo ajuda a encontrá-las. A rádio foi criada com uma visão de utilidade pública, ela tem o interesse de proteger o comércio e o povo da Liberdade (Reginaldo, Rádio Comunitária Som Liberdade).

A Rádio Cajazeiras FM começou como "rádio pirata", mas, segundo Del Miranda, produtor da emissora, com o passar do tempo, "a comunidade se uniu, formou uma associação e solicitou à Anatel uma liberação para funcionar como rádio comunitária no bairro". A rádio funciona desde 1990, mas só começou a operar de forma "oficial" há oito anos. Como as demais rádios pesquisadas, a Cajazeiras FM busca adequar sua programação à realidade do bairro onde está inserida, contando com uma programação semanal "eclética e voltada para os diversos segmentos da população", buscando também, segundo Del Miranda, "servir de vitrine para pessoas que possuem talento, porém não têm uma chance. Quem sabe um dia essas pessoas do bairro não possam virar músicos ou locutores?".

A Cajazeiras FM foi a primeira rádio comunitária de Salvador a ter licença da Anatel para funcionar. Sua vocação de "vitrine" para os talentos do bairro é ressaltada com orgulho por Del Miranda. Ele explica que a rádio tem ouvintes de "várias qualidades": "o perfil da rádio antes era brega, mas há seis meses, quando cheguei aqui, mudei essa imagem, hoje agradamos a gregos e troianos, temos uma programação que atende desde crianças de cinco anos até pessoas mais velhas".

Muitas vezes, essas rádios são o único veículo de transmissão para festas e eventos que ocorrem nos bairros populares da cidade, como no caso da rádio comunitária Maré FM, que dispõe, inclusive, de um espaço de shows no bairro de Paripe: "toda segunda-feira, a gente faz um show de lançamento de uma banda local, mas a gente faz menos do que gostaria; você não acredita na quantidade de bandas que existem aqui" (Paulista, Rádio Comunitária Maré FM).

A programação da maioria dessas emissoras é de fato "eclética", mesclando programas de serviços e utilidade pública com conteúdos vinculados aos bairros onde se inserem, bem como programas musicais que misturam sucessos consagrados nos meios de comunicação de massa com músicas produzidas por grupos emergentes das áreas populares da metrópole soteropolitana:

> A Rádio RC Som Liberdade tem uma programação muito variada: o programa "Variáveis Musicais", só com sucessos do momento, e o "Café Musical". À tarde temos o especial das 17 horas com músicas variadas e à noite temos um programa de músicas românticas; aos sábados temos um programa especial com programação diversificada, procurando informar a comunidade com notícias e informações. Nos baseamos nas manchetes dos jornais *A Tarde* e *Tribuna da Bahia*, temos aqui uma grande audiência, maior até do que muitas outras rádios da cidade. Nossa programação é uma programação de bairro, mas com ideias de profissionais (Reginaldo, Rádio Comunitária Som Liberdade).
>
> Transmitimos uma programação que, pela manhã, é voltada para os idosos, o programa "Cantinho da Vovó, e, depois, temos o "Bom Dia Alegria", com uma programação mais voltada para os jovens e, a partir do meio-dia, temos o programa "Fundo do Baú", que vai até as 14 horas. A partir desse horário, temos o programa "O melhor do Brega" e, em seguida, a "Voz do Brasil". Encerrando, já à noite, com o programa "Boa Noite, Amor". Temos programas para os diversos segmentos e essa programação é semanal (Del Miranda, Rádio Comunitária Cajazeiras FM 87.9).
>
> Aqui tocamos tudo. Temos uma musicalidade bastante variada. Tentamos agradar a todos os gostos. Temos programas gospel, de rap, *reggae*, MPB, axé, música brega. Temos todas as vertentes musicais e ainda passamos informações jornalísticas, sobre política, educação, lazer (Martins, Rádio Comunitária Nordeste Comunicações).

É, em suma, tudo o que "o povo pede" o que norteia o trabalho dessas emissoras, na opinião de Paulista, da Rádio Maré FM. As músicas que são tocadas são solicitadas diretamente pelos ouvintes e não há muito espaço para "negociação". Para Paulista, na maior parte dos casos é pagode ou "música brega". Ele acredita que o público do gênero "brega" é muito grande em Paripe e no Brasil, fato comprovado pela grande popularidade do "Bregamania", o programa de maior audiência da rádio comunitária: "Todo mundo liga para o locutor. O brega, na verdade, quem deu o nome foi o próprio povo, o estilo é mais junto, mais romântico, é um estilo que deu certo".

Alguns acreditam também que as rádios comunitárias podem ajudar a levantar a autoestima das "comunidades", voltando o conteúdo de sua programação para a realidade do bairro onde estão inseridas. Isso acontece no caso da Rádio Amai Pró, em Campinas de Pirajá, sediada em uma escola municipal de mesmo nome e com dez caixas de som instaladas nas ruas do bairro. Os estudantes são os locutores dos programas e veiculam notícias sobre meio ambiente, saúde e identidade étnica.

Segundo Edineusa e Rosângela, coordenadoras da Rádio:

> Temos programas relacionados com meio ambiente, economia. Fazemos um programa chamado "Cozinhando com a Amai Pró", que ensina as pessoas da comunidade a melhor aproveitar os alimentos. Temos ainda o programa "Cidadão em Ação", que trata sobre os direitos da comunidade e temas relacionados aos direitos do cidadão. Temos o programa "Pergunte à Diretora", que trata dos assuntos relacionados à escola, além do "Jogando Limpo com a Gente", do "Show Popular", de programas sobre saúde, e do "Profilurb", um programa que proporciona o resgate das raízes culturais e da identidade do povo do bairro, e do "Amai Pró Notícias". Ao todo são nove programas, todos voltados para os interesses de nossa comunidade.

Um fato curioso nessa entrevista realizada com as coordenadoras da Rádio Amai Pró é que a única referência direta ao termo bairro encontra-se no trecho: "A rádio surgiu a partir da necessidade do povo, necessidade porque antes a escola trabalhava com projetos sociais voltados para o bairro e precisávamos de nos comunicar com nossa comunidade". Percebeu-se que as entrevistadas usaram com mais frequência a ideia de comunidade que a noção de bairro no decorrer da entrevista. Aqui, "comunidade" parece ser sinônimo de "população do bairro", ou seja, sinônimo do grupo de indivíduos que residem no lugar de atuação da rádio comunitária, enquanto o termo "bairro" aparenta significar o substrato físico mais o grupo de indivíduos que ali residem. Desse modo, no trecho "a comunidade acha muito importante", o termo "comunidade" poderia ser substituído por "a população do bairro". Retomaremos essa discussão na última seção deste capítulo.

A relação do comércio de bairro com as rádios

Durante as entrevistas realizadas com os comerciantes em alguns dos bairros pesquisados em Salvador, percebeu-se um vínculo forte entre as rádios comunitárias e os comerciantes locais, que chegam a firmar contratos e fixar valores de mensalidades, que variam de acordo com o tipo e o porte do comércio. Se o comércio tem muito tempo no bairro, o contrato é verbal, se não, esse contrato é escrito e com algumas cláusulas. Para esses comerciantes, a divulgação nas rádios estimula o movimento comercial em seus estabelecimentos.

O apoio do comércio local às rádios comunitárias existentes na cidade remete à atuação mais expressiva do circuito inferior da economia nos bairros populares de Salvador – em contraposição a uma presença incipiente do circuito superior –, de acordo com a teoria dos dois circuitos da economia, formulada por Milton Santos (2004 [1979]), e já aplicada em investigações anteriores do Grupo de Pesquisa Espaço Livre de Pesquisa-Ação, nos bairros da Calçada, Mares e Liberdade, em Salvador, no ano de 1999 (Santos; Serpa, 2000).

O circuito inferior da economia é, para Santos (2004), um mundo bem original, cuja organização pode passar despercebida para muitos que vêm seu funcionamento como algo oposto à lógica. O autor lança mão da fórmula de Lavoisier – "Nada se perde, nada se cria, tudo se transforma" – para definir e descrever esse circuito econômico não moderno, que engloba a pequena produção manufatureira, o pequeno comércio e uma multiplicidade de serviços de toda espécie. O fazer desse mundo exprime a lógica do reaproveitamento e da reutilização, a lógica das pequenas quantidades e das técnicas artesanais, dos equipamentos precários e da falta de dinheiro.

A maioria dos estabelecimentos não possui estoque e vende a varejo. No tocante à tecnologia empregada, observa-se a presença de máquinas eletrônicas e computadores com ou sem acesso à rede (internet), estes últimos a maioria dos casos. Apesar de boa parte dos trabalhadores dispor de emprego com carteira assinada, verifica-se a persistência do trabalho familiar em alguns dos estabelecimentos pesquisados. É rara a existência de filiais desses estabelecimentos em outras áreas da cidade.

Embora não haja investimentos em propaganda/publicidade nos meios de comunicação convencionais (exceção para as filiais de grandes cadeias de lojas e supermercados, presentes nas áreas populares da cidade), os estabelecimentos comerciais anunciam nas rádios comunitárias dos bairros e também utilizam formas de propaganda/publicidade próprias ao circuito inferior da economia, como faixas, panfletos, carros de som, cartazes etc.

Foto: Arquivo do Grupo Espaço Livre de Pesquisa-Ação

Área comercial no bairro de Cajazeiras, Salvador.

No universo das rádios comunitárias estudadas, somente a Escola Amai Pró não possui nenhum vínculo com comerciantes locais. Esses vínculos, parcerias ou "apoio cultural", como dito por alguns dirigentes de rádios, é determinante para seu funcionamento e sua estruturação, pois quanto maior o vínculo das rádios com os comerciantes, melhor será sua organização. Caso esses vínculos sejam em menor intensidade, essas rádios passam a funcionar em condições precárias, chegando muitas vezes a fechar.

Os comerciantes, em geral, não patrocinam programas específicos, tendo sido esse tipo de apoio constatado apenas na Rádio Comunitária

J P Publicidade (no bairro de Plataforma, no Subúrbio Ferroviário de Salvador), na qual um programa de hip hop recebe patrocínio direcionado a sua produção. Em geral, o comércio local anuncia seus produtos e serviços, negociando o apoio em função do número de inserções comerciais na programação das rádios.

> Temos o apoio do comércio de Cajazeiras, que, na verdade, é um apoio cultural. Fazemos a divulgação do nome do comércio e, em troca, eles cedem jantar, cesta básica, emprego para a comunidade ou algo que venha ajudar a rádio. Alguns comerciantes nos ajudam com o pagamento das contas de água e energia. Eles sabem que as rádios comunitárias não têm apoio de nenhuma instituição ou órgão federal ou estadual. O que existe realmente aqui no bairro é uma troca de serviços (Del Miranda, Rádio Comunitária Cajazeiras FM 87.9).

> O comércio local é parceiro da gente. Você não pode ter funcionário em rádio comunitária, aqui todo mundo é voluntário, mas temos nossos apoiadores próprios, não são patrocinadores, são apoiadores mesmo, que colaboram com a gente mensalmente. A gente paga as despesas e com o resto faz a divisão, passa um pouquinho para cada um, da secretária à faxineira (Paulista, Rádio Comunitária Maré FM).

O universo dos sites de utilidade pública nos bairros populares e sua relação com os lugares de atuação

Com relação aos domínios virtuais "alternativos", com atuação nos bairros populares da cidade, as informações são mais dispersas e de sistematização mais difícil. Um levantamento preliminar mostra uma tipologia variada, incluindo desde páginas de organizações não governamentais, domínios virtuais de divulgação de movimentos culturais e artísticos como o hip hop ou de blocos afro com atuação em bairros populares da cidade, até páginas de divulgação de conteúdos de utilidade pública, vinculados às áreas populares da cidade, como a Cidade Baixa, o Subúrbio Ferroviário de Salvador e o bairro de Cajazeiras. Vamos focar nossa atenção agora nesses últimos.

Ao analisar os conteúdos dos sites pesquisados, é evidente sua relação com os bairros priorizados em nossas pesquisas de campo.[2] Notícias relacionadas aos principais acontecimentos na esfera local ganham destaque nesses sites, que se revelam como potenciais veículos de informação para esses bairros, localizados na periferia geográfica e social de Salvador. Nos últimos anos, a internet vem ganhando importância no Brasil, e, apesar de ainda ser muito limitado o acesso das classes populares à rede mundial de computadores, as visitas aos sites pesquisados revelam o espaço virtual como um meio de comunicação em crescimento também nos bairros populares da cidade.

Priorizamos, nos levantamentos realizados, os sites de utilidade pública que se relacionavam com as áreas anteriormente pesquisadas pelos Grupos Esplivre e Terracult:

- Cajazeiras.net: É um site destinado aos moradores de Cajazeiras, que chama a atenção para os problemas do bairro, veiculando notícias sobre o local e seus principais eventos. Esse site contém informações que vão desde a previsão do tempo até os horários das principais linhas de ônibus que circulam por Cajazeiras. É um site de utilidade pública, que também tem a função de anunciar os serviços oferecidos à população;
- Cidadebaixa.com: Semelhante ao Cajazeiras.net, o Cidadebaixa.com tem uma dimensão maior do que o primeiro, pois divulga os principais eventos realizados na cidade, não se restringindo apenas à área da Cidade Baixa. Nele são encontradas informações sobre a previsão do tempo, principais linhas que circulam pelo local, além do histórico dos bairros e outras informações de utilidade para os moradores. Além disso, abre espaço para a publicidade do comércio local. O Cidadebaixa.com tem como parceiros a Pida Produções, uma empresa de promoção de eventos culturais da cidade, além da Bahiatursa, órgão de promoção do turismo do Governo do Estado da Bahia, o que revela seu caráter de veículo de divulgação turística;
- Portalpiraja.org: É um site que leva informações à população de Pirajá, veiculando enquetes com temas ligados ao bairro e divulgando os horários das principais linhas de ônibus que circulam pelo local, além de serviços diversos. Há também o chamado "espaço do povo",

> no qual a população expressa de forma subjetiva sua opinião sobre os problemas do bairro. O site apresenta também um link sobre a história de Pirajá.

A apropriação pelos organizadores desses sites, do espaço virtual da internet, é um exemplo de como as classes populares podem se utilizar de modo criativo desse meio de comunicação: "Basicamente, o nosso site trabalha em prol das pessoas que não têm acesso à informação. Por exemplo, as notícias de jornais que retratam a realidade de Salvador" (Elton Serra, Cajazeiras.net). O principal objetivo desses sites é a divulgação de conteúdos sobre os bairros onde atuam. Nesse sentido, são destacados anúncios do comércio local (como nas rádios comunitárias, embora aqui de modo mais acanhado), eventos culturais, problemas locais etc.

> No site, temos uma página que é o Fale Conosco, em que as pessoas podem tirar dúvidas sobre o próprio site e também sobre a comunidade. Além disso, é um espaço destinado às denúncias que a população pode fazer sobre transportes e outros problemas aqui do bairro (Fábio Ferreira, Portalpiraja.org).

A criação dos sites

Levantamentos realizados pelo grupo Espaço Livre de Pesquisa-Ação comprovam a crescente importância de manifestações culturais "reinventadas" nos bairros populares da cidade, além da relevância de algumas culturas residuais que de algum modo permanecem e resistem no cotidiano desses locais.[3] Ao observar os conteúdos dos sites trabalhados, é notória a divulgação de festas e a veiculação de informações sobre diversas atividades locais, ligadas também ao lazer da população: "O Cidadebaixa.com é um site onde você encontra notícias, cobertura de festas, agenda cultural, pontos turísticos de Salvador que ficam na Cidade Baixa" (Roberto Oliveira, Cidadebaixa.com).

O ponto de partida para a construção desses sites foi também a busca pela comunicação entre os moradores, algo iniciado a partir de "salas virtuais de bate-papo":

> Tudo começou como um canal de bate-papo, até porque a internet era ainda pouco difundida. Era uma versão anterior ao MSN, chamado NIRK. Nós utilizávamos o Cajazeiras.com como um ponto de encontro para as pessoas que tinham internet. Esse site foi feito para ser um ponto de encontro, tipo uma comunidade como as do Orkut, mas nessa época o Orkut ainda nem existia (Elton Serra, Cajazeiras.net).

> A iniciativa começou através do NIRK, as pessoas entravam para bater papo e aí começou com um canal de moradores da Cidade Baixa que se reuniam ali no Humaitá, onde tiravam fotos do bairro e colocavam em sites, daí começou a surgir o site. O NIRK era mais ou menos o que o Orkut é hoje, foi daí que nasceu o Cidadebaixa.com (Roberto Oliveira, Cidadebaixa.com).

Segundo os organizadores dos sites, seu objetivo não se restringe a integrar e informar os moradores; intenciona-se também divulgar o bairro para moradores de outros locais, constituindo-se em uma maneira de difundir a história e o cotidiano dessas áreas, conferindo-lhes maior visibilidade na cidade:

> Procuramos passar informações sobre o bairro. Criamos esse site com a intenção de integrar o público da Cidade Baixa com o público da Cidade Alta. Pois quem mora na Cidade Alta fala da Cidade Baixa como se fosse um lugar distante. Então criamos o site com a finalidade de mostrar, principalmente aos moradores da Cidade Alta, a Cidade Baixa como ela é (Roberto Oliveira, Cidadebaixa.com).

Interessante é que aqui um recorte maior de região administrativa (Cidade Baixa) é representado no discurso do entrevistado como "bairro". Na verdade, a "Cidade Baixa" é um conjunto de bairros que se articulam em torno de uma confederação de associações de moradores para defender investimentos de infraestrutura turística englobando a região inteira, em geral preterida pelos investimentos públicos e privados em detrimento da "Cidade Alta". Como sabemos, a origem das duas "cidades" tem, nesse caso, a ver com a falha geológica do sítio onde foi instalada a "Salvador da Baía de Todos os Santos" no século XVI. O discurso, fundado em um fato histórico com tradução na paisagem, se expressa em uma ação de reivindicação dos moradores dos muitos bairros da região (esse tema será retomado no capítulo "Comunicação, representação e lugar").

Também o Portalpiraja mantém, segundo seu organizador, Fábio Ferreira, fortes vínculos com as associações de moradores do bairro: "Pessoas ligadas às associações também fazem parte do perfil dos nossos usuários. Hoje eu faço parte da união dessas associações, então permitimos que elas divulguem seus eventos através do site" (Fábio Ferreira, Portalpiraja.org).

O perfil dos usuários dos sites e as *lan houses*

O bairro de Cajazeiras, localizado na periferia de Salvador, é conhecido por sua grande extensão e por ser um dos mais populosos da cidade. Além disso, chama atenção a forte presença de estabelecimentos comerciais e de serviços, incluindo escolas de primeiro e segundo graus. Isso repercute de algum modo no perfil dos usuários do Cajazeiras.net, pois, segundo seu organizador, Elton Serra, quem mais acessa esse site são os alunos das escolas públicas existentes no bairro, "sobretudo para fazer pesquisas".

Pirajá é considerado um bairro histórico por sua relevância na luta pela independência da Bahia. Sobre a Batalha de Pirajá, Luiz Henrique Dias Tavares observa que ela começou "na madrugada de 8 de novembro com o desembarque de 250 soldados portugueses em Itacaranha e Plataforma[4]". Durou oito horas, movimentando quatro mil homens, sendo travada na área de Cabrito – Campinas – Pirajá. Constituiu-se, desde então, "na mais alta demonstração da resistência brasileira ao longo da cansativa e morosa campanha militar pela independência" (Tavares, 2008: 241-42). O fato de essas lutas terem ocorrido em Pirajá é motivo de orgulho para alguns moradores, e sua história compõe o conteúdo do Portalpiraja, sendo um dos temas que, supostamente, mais atraem os usuários: "Recebemos muitos e-mails de universitários, pessoas que querem fazer pesquisas sobre a história do bairro" (Fábio Ferreira, Portalpiraja.org).

O site da Cidade Baixa, segundo o seu organizador, não possui um público homogêneo: "Os usuários são os jovens que frequentam essas baladas de Salvador, essas festas de largo e até um público mais maduro, que vai atrás de notícias sobre a Cidade Baixa. Eu digo que não existe um público específico. Mas a maioria mora aqui na Cidade Baixa".

O mapeamento das *lan houses* nos bairros da Boca do Rio, de Itapuã, Cajazeiras e Pirajá revelou que esses estabelecimentos fazem parte do cotidiano dos bairros populares pesquisados, sendo significativa sua localização/distribuição nos eixos de maior circulação de veículos e pessoas, em geral, as vias comerciais dos bairros. São estabelecimentos de pequeno porte, com poucos recursos investidos (às vezes adaptações são feitas em garagens) e que, geralmente, empregam mão de obra local; os proprietários em geral residem no próprio bairro onde se localizam as *lan houses.* As pesquisas de campo também revelaram a abertura e o fechamento constante desses estabelecimentos, o que indica certa instabilidade e dificuldades para mantê-los, bem como para consolidar uma clientela mais constante e fiel.

As pesquisas realizadas por Karla Moraes junto a essa clientela de usuários nos bairros da Boca do Rio e Itapuã, no âmbito das atividades do Grupo Espaço-Livre, demonstraram a existência de duas "paisagens" no interior desses estabelecimentos:

> A primeira "paisagem" corresponde a crianças e jovens, predominantemente do sexo masculino fazendo uso de jogos virtuais, em geral, de luta ou corrida. A outra "paisagem" é composta também por usuários entre 14 e 20 anos (40%), entre 21 e 27 anos (27,5%), entre 28 e 34 (20%) e 35 e 54 anos (12,5%), de ambos os sexos, usando a internet para entrar em ambientes virtuais de comunicação, os *chats*, prioritariamente o MSN, ou Windows Live Messenger, e na rede virtual de relacionamentos, em especial o Orkut (87,5%). Os demais – 12,5% – declararam estar ali para pesquisar emprego, fazer compras ou pesquisa. 100% das pessoas responderam que não acessam sites relacionados aos seus bairros e 87,5% responderam que não acessam sites relacionados a movimentos culturais, enquanto apenas 12,5% responderam sim a essa pergunta. Quanto à frequência, 50% vão ali diariamente (alguns relataram que vão até três vezes ao dia); 35%, semanalmente, e 15% têm frequência esporádica. As profissões variam bastante, mas 55% dos usuários declararam ser estudantes. Quanto a ter ou não computador em casa, a metade das pessoas entrevistadas afirmaram possuir o aparelho em seus domicílios, porém 72,5% declararam não ter acesso à internet em casa. Para os 27,5% que disseram ter internet em casa, a justificativa para estar na *lan house* era ter seus computadores quebrados ou porque a conexão havia caído (Moraes, 2008: 6-7).

Questionados sobre o papel da internet no cotidiano das áreas populares da cidade, uma parte dos entrevistados acha que a rede mundial de computadores é um espaço democrático com igual acesso para todos, "naturalizando" a ideia de internet como espaço de acessibilidade universal. Há, no entanto, aqueles que entendem a rede mundial de computadores como um espaço virtual de acesso desigual e, por vezes, excludente:

> "Sim. É democrático".
>
> "Acho que sim. Se encaixa no perfil de todo mundo".
>
> "Sim. É uma coisa natural. Todo mundo gosta. Sou viciado. Só uso o Orkut".
>
> "Sim. Sem exceções".
>
> "Nem todo mundo tem acesso. Tem que pagar. Nem todo lugar tem. Tem diferenças no conteúdo".
>
> "O acesso está mais fácil, mas democrático não é. O governo deveria criar *lan houses* públicas".
>
> "Não. Nem sempre o pessoal sabe mexer ou tem condições de pagar" (Moraes, 2008: 8).

Em relação aos sites de utilidade pública, focados no cotidiano dos bairros populares da cidade, muitos dos usuários das *lan houses* afirmam ter conhecimento de sua existência, mas a maioria admite que nunca acessou os conteúdos veiculados, como Joelina Silva, moradora do bairro de Cajazeiras: "Já ouvi falar no Cajazeiras.net, mas nunca acessei. Tenho um colega que quer criar um site sobre Cajazeiras e foi ele quem me falou de sua existência". Confrontado com esses dados, o organizador do site Portalpiraja.org reconhece que ainda é necessário um amplo trabalho de divulgação junto aos moradores e comerciantes do bairro, ressaltando mais uma vez o uso do portal para pesquisas escolares.

Os sites, sua organização e relação com o comércio do bairro

Diferente das rádios comunitárias e segundo os organizadores desses domínios, muitos comerciantes não acreditam que a internet seja um meio de divulgação eficaz para seus estabelecimentos, preferindo investir em meios mais tradicionais e acessíveis à população: "Eu sinto falta dos comerciantes aqui da região na utilização do site. Acho que há uma limitação deles com relação à internet, acredito que eles não vejam a net como um meio de divulgação eficaz" (Roberto Oliveira, Cidadebaixa.com).

Essa é, aliás, uma queixa recorrente entre os organizadores dos sites que produzem conteúdos voltados para os bairros populares da cidade, o que denota também uma menor inserção dos domínios virtuais em relação às rádios comunitárias nas áreas populares da metrópole soteropolitana. Sem dúvida, as maiores dificuldades de acesso aos conteúdos veiculados na internet nesses lugares (ver capítulo "Tecnologia e lugar") é uma limitação estrutural importante, mas, ainda assim, os organizadores apostam em uma maior participação e apoio do comércio local para ampliação de seu trabalho: "Estamos pensando em fazer uma parceria com os empresários locais, para que eles priorizem as pessoas do bairro para as vagas de emprego" (Elton Serra, Cajazeiras.net).

Por outro lado, alguns comerciantes divulgam seus estabelecimentos, produtos e serviços através da inserção de anúncios, como enfatiza o próprio Elton Serra, do site Cajazeiras.net: "Os anúncios são pagos, vendemos o espaço no site, sendo que cada espaço, a depender da sua visibilidade, tem um determinado valor". Desse modo, percebe-se também que o discurso que baseia a atuação dessas iniciativas é mais explícito em relação à propaganda e à captação de recursos para manter os domínios no ar, que entre os coordenadores/porta-vozes das rádios comunitárias, impedidas, por força da legislação, de terem fins comerciais ou lucrativos. Porém, muitas vezes, é também o argumento da troca de favores o que prevalece no discurso dos porta-vozes dos sites de utilidade pública nos bairros populares da cidade:

> Alguns dos anúncios são trocas de favores. Por exemplo, todos os anos nós fazemos um evento chamado de "Cajazeiras solidária". Nele acontece uma distribuição de alimentos para as pessoas mais necessitadas do bairro. Então, em troca do anúncio no site, alguns comerciantes fornecem esses alimentos (Elton Serra, Cajazeiras.net).

Embora a questão dos apoios/parcerias/patrocínios marque uma diferença no discurso dos coordenadores das rádios comunitárias e dos sites de utilidade pública, há também pontos de contato entre os grupos que se apropriam e produzem conteúdos dos/para os dois meios de comunicação:

> Temos uma pessoa que geralmente traz as notícias, o Hugo Sonoros. Ele é como se fosse um "ouvidor", traz matérias para nós, já com fotografias. Ele trabalha com rádio comunitária, então tem a possibilidade de estar em contato com as pessoas e saber o que está acontecendo no bairro (Elton Serra, Cajazeiras.net).

A organização e a divisão de tarefas para produção e atualização dos conteúdos dos sites é bem flexível e o número de pessoas envolvidas é menor que nas rádios comunitárias; para os sites não há nem mesmo a necessidade de "sede" própria:

> Como nós trabalhamos com informática, usamos laptop, utilizamos também computadores de nossas residências aqui mesmo em Cajazeiras. Não temos muitas funções, pois o site é muito fácil de manusear. O meu irmão, o Adson, é o webdesigner. Cajazeiras é uma cidade em movimento, até em você sair na rua, já é fácil encontrar matéria. Aqui na Rótula da Feirinha, que é o coração do bairro, ficamos sabendo de muitas coisas. Temos também o Fale Conosco, onde as pessoas contribuem com informações, que acabam virando matérias (Elton Serra, Cajazeiras.net).
>
> Eu, Roberto, sou o colunista, faço toda parte de entrevista. Faço a direção de pauta, tudo que vai ao ar. Davi é o webdesigner. Fica responsável pela parte tecnológica, postagem de fotos. Thiago é o programador, trabalha com a parte de sistemas, junto com Davi. As notícias geralmente são pesquisadas em sites maiores, utilizamos *A Tarde* on-line, *Correio da Bahia* etc. Outras notícias chegam em forma de propostas para fazermos cobertura em alguns eventos (Roberto Oliveira, Cidadebaixa.com).

O universo virtual dos movimentos culturais populares

Entre os domínios virtuais alternativos, encontram-se, embora com menos frequência, sites que se dedicam à divulgação de conteúdos ligados a movimentos culturais e artísticos,[5] como o hip hop e a cultura afro-brasileira, muito presentes nos bairros populares de Salvador. A página da Frente Suburbana Hip Hop, por exemplo, quer envidar esforços para:

> criar e gerar um melhor caminho de trabalhos, convivências e mobilizações culturais, sociais e ambientais no relacionamento harmônico entre o cenário urbano e a vida rural. Resgatando os vínculos de proximidades substanciais, naturais, coletivas e individuais com as comunidades de Coutos, Alto de Coutos e entorno no Subúrbio Ferroviário de Salvador, junto a um corpo de voluntariado estrangeiro e brasileiro. Harmonizados com valores culturais do cotidiano urbano, como artes e manifestações culturais, envolvendo Capoeira Angola, hip hop, construção de instrumentos musicais afro-ameríndios, artesanato, educação digital e ambiental, entre outros... Agindo, dessa forma, no aperfeiçoamento da vivência cultural comunitária.

Nessa mesma linha de atuação, a página denominada "Epidemia Urbana" veicula informações ligadas ao hip hop, ao *break* e ao grafite, constituindo-se num site de divulgação de uma "cultura da periferia". O conteúdo veiculado vai desde matérias, artigos, entrevistas e reportagens até fotos e arquivos musicais mp3.

O discurso comunitário aparece com força no movimento hip hop de Salvador:

> O movimento hip hop aqui em Salvador se organiza dentro das comunidades com o nome *Posse*. Esse é o nome que se dá à organização do hip hop dentro da comunidade. Militantes e simpatizantes se juntam nessa *Posse* de hip hop dentro da comunidade para discutir os problemas sociais e atuar para mudar essa realidade: cobrar do poder público, monitorar as políticas públicas que vêm sendo implementadas na área de saúde, na área de educação, na área de cidadania. É uma forma de dizer que a gente não se preocupa só com a discriminação ou com o fortalecimento da cultura hip hop, mas também com a realidade social nas comunidades onde cada movimento do hip hop atua. Aí tem a *Posse* de Pernambués, que é muito forte, tem a *Posse* no Bairro da Paz, tem a *Posse* lá na Itinga, em Lauro de Freitas, que é a *Posse PCE,* tem o *Repensando Sussuarana*, lá em Sussuarana, tem a OCP (Organização Cultural Periférica) lá no Cabula, que desenvolve um trabalho legal também. Então em alguns bairros o movimento hip hop é mais forte e cada *Posse* atua de uma forma na comunidade a partir de sua realidade (DJ Branco, militante do movimento hip hop em Salvador).

Também blocos afros, com atuação no Carnaval de Salvador e sediados nos bairros populares da cidade, como o Ilê Aiyê e o Araketu, mantêm páginas na rede mundial de computadores. O Araketu e o Ilê Aiyê divulgam, através desses domínios, não só sua face mais visível de atuação – os blocos e as bandas musicais a eles vinculadas –, como também sua inserção social nos bairros populares onde se localizam suas sedes (Periperi e Curuzu, respectivamente). O Instituto Araketu, por exemplo, tem como missão colaborar "com o desenvolvimento social da Cidade de Salvador, ampliando e mobilizando potencialidades de crianças, adolescentes e jovens, em especial, as do Subúrbio Ferroviário, através da Educação, Cultura, Arte, Trabalho e Lazer Orientado, visando à valorização do Homem e sua qualidade de vida".

Primeiro bloco afro da Bahia, o Ilê inicia sua história em 1º de novembro de 1974, no Curuzu-Liberdade, bairro de maior população negra do país. O objetivo da entidade, explicitado em seu site disponibilizado na internet, é preservar, valorizar e expandir a cultura afro-brasileira. Para isso, desde que foi fundado, vem homenageando os países, nações e culturas africanos, bem como as revoltas negras que contribuíram para o processo de fortalecimento da identidade étnica e da autoestima do negro brasileiro, tornando populares os temas da história africana e vinculando-os com a história do negro no Brasil, buscando construir "uma linha histórica da negritude" (Soares e Serpa, 2007).

Com sua atuação consolidada na cidade, os apoios e patrocínios, recebidos pelo bloco, são também chamados por seus dirigentes como "parcerias", embora na maior parte dos casos se constituam como patrocínios manifestos. Isso se torna patente ao observarmos todo o arsenal publicitário estampado nas paredes da sede do bloco, nas camisas e em faixas que atrelam as empresas "parceiras" ao nome do Ilê. Assim, o bloco associa, como permuta, sua performance cultural aos nomes das empresas "parceiras". Seguindo a lógica do espetáculo e da propaganda, o Ilê ganha possibilidades de "pôr seu bloco na rua", ganha financiamento e condições de expor sua "baianidade"; em contrapartida, as empresas financiadoras legitimam suas marcas como instituições que apoiam a cultura e as produções artísticas (Soares e Serpa, 2007).

Esses domínios possuem, no entanto, grandes dificuldades para se manter no ar e são pouco utilizados por aqueles que seriam seus potenciais interessados (é possível, inclusive, que uma vez este livro publicado, muitos desses sites estejam fora do ar). Através de pesquisas de campo em alguns bairros populares da cidade, como Boca do Rio e Itapuã, constatou-se que o Orkut tem tido mais abrangência que os domínios virtuais alternativos e blogs. Os dados coletados demonstram que 63% das pessoas entrevistadas têm no Orkut a ferramenta da internet que mais utilizam. Confirmou-se também que as *lan houses* são o principal meio de acesso desses grupos.

O Orkut é uma rede virtual de comunidades filiada ao Google, criada em 19 de janeiro de 2004, com o objetivo de "ajudar seus membros a criar novas amizades e manter relacionamentos". Seu nome é uma referência ao projetista chefe, Orkut Büyükkokten, engenheiro do Google de nacionalidade turca. O sistema possuía, em 20 de agosto de 2007, mais de sessenta milhões de usuários cadastrados. O Brasil é o país com o maior número de membros.

O Orkut tem tido uma enorme repercussão no país e essa influência se expressa no cotidiano das mais diversas classes sociais; é, sobretudo, uma ferramenta de acesso gratuito que proporciona a conexão e a proximidade (mesmo que virtual) entre pessoas para a comunicação cotidiana, além de permitir novos contatos, dando vazão à expressão de grupos minoritários. Esse fenômeno abre, portanto, uma via de manifestação para movimentos de resistência e sociabilidade. O Orkut, mais do que os domínios virtuais alternativos, tem se mostrado como um "entrelugar virtual", onde a ludicidade como valor transversal pode, ao menos potencialmente, ser restabelecida entre os movimentos culturais e artísticos nos bairros populares da cidade.

A internet e em especial o Orkut têm promovido, de certo modo, a integração da cultura popular com um sistema de comunicação de massa; dessa forma, é perceptível que "essa mídia contra-hegemônica vem potencializando a difusão mundial das formas de sentir, pensar e agir dos segmentos economicamente excluídos, das comunidades culturalmente marginalizadas ou dos grupos politicamente segregados" (Melo, 2005: 1).

No Orkut, algumas comunidades virtuais ligadas ao hip hop se destacam:

- *Hip Hop Salvador*: Criada em 17 de novembro de 2004. Agrega 26 membros e mantém um fórum com discussão sobre diversos temas relacionados ou não ao hip hop, porém de pouca atividade;
- *Rap/Hip Hop-Salvador*: Criada em 9 de julho de 2005. Agrega 203 membros e apresenta inúmeros tópicos, porém a maioria não tendo gerado discussão entre os membros, que veiculam anúncios de shows e eventos, discussões sobre diversos temas relacionados ao rap e ao hip hop. Apresenta links para diversas comunidades relacionadas;
- *Eu Curto Hip Hop em Salvador*: Criada em 22 de junho de 2007. Agrega 112 membros, com 17 tópicos de discussão e participação variada dos membros, veiculando eventos, movimentos e opiniões sobre o hip hop.

Comparados ao Orkut, os domínios virtuais não se tornam uma ferramenta para todos os grupos e movimentos culturais e artísticos nos bairros populares da cidade, porque são, em geral, pagos para permanecer no ar. Nas palavras do contramestre do grupo Vadiação Capoeira de Itapuã, André: "O custo hoje de um webdesigner é alto para desenvolver um site, porque não adianta a gente colocar pouca informação, a capoeira é rica, então tem que apresentar tudo que ela tem e aí a gente se limita ao Orkut, coisas mais fáceis". É através do Orkut que uma nova cultura "virtual" de articulação e encontro pode se desenvolver entre os praticantes da capoeira em Salvador, estreitando laços e valorizando as relações e a troca de informações:

> Hoje o pessoal está utilizando muito o Orkut, para comunicar suas rodas. Na capoeira a gente tem a cultura do convite. Geralmente faz uma coisa formal e convida os colegas para vir compartilhar o batismo, que é a cerimônia festiva da capoeira, e ali acontece aquela integração, confraternização, tanto dentro da roda como fora; e quando acaba as rodas acontecem as mesas-redondas: cada um troca suas informações, suas experiências (André, contramestre do grupo Vadiação Capoeira de Itapuã).

Pesquisas mais recentes[6] demonstram a existência de mais de uma dezena de comunidades ativas no Orkut, dedicadas à divulgação e ao intercâmbio de informações sobre a capoeira em Salvador. Algumas dessas comunidades mantêm fortes vínculos com determinadas áreas da cidade, como é o caso da Unicar, cuja sede localiza-se na Cidade Baixa (na localidade da Pedra Furada), e do Grupo Camugerê, cuja origem está relacionada ao bairro de Itapuã e é liderado pelo mestre Tosta. Os assuntos debatidos são os mais variados: qual música de capoeira que você mais gosta, qual é seu professor e onde você treina, o que significa ser discípulo para você, apelidos etc.

Instado a falar sobre o objetivo da criação da comunidade Camugerê no Orkut, mestre Tosta explica que, em geral,

> você começa com seu Orkut pessoal porque você vai ter uma relação com as pessoas próximas, no meu caso da educação física, do surf, que eu fiz minha vida inteira, da comunidade de Itapuã e da capoeira, que é minha profissão. Eu acho que começou assim, do particular, e do particular tendo a necessidade de fazer o lado profissional. A gente tem a comunidade no Orkut do próprio Camugerê, tem a minha comunidade particular e todos os professores têm a sua, com o apelido na capoeira e o nome do grupo, exemplo: professor Manoca Camugerê Capoeira. O objetivo é a comunicação e é mais viável financeiramente também, até mais que o telefone. Nos sites existem custos e no Orkut não. No momento o Orkut é muito mais viável, o site tem o custo de hospedagem.

Mas há também quem reconheça que o acesso à rede mundial de computadores ainda é muito limitado entre os mestres e praticantes de capoeira em Salvador, o que dificulta muitas vezes os contatos e a troca de informações entre os grupos: "infelizmente, parece que todo mundo tem acesso à internet, mas não é todo mundo que tem acesso, a gente fala 'pô, globalização', mas não é todo mundo que tem esse acesso" (mestre Caroço, do Grupo Stella Maris Capoeira, com sede no bairro de Itapuã). No bairro popular do Calabar, mestre Malvina também admite que nem todo mundo tem computador: "eu mesmo não tenho, mas meu irmão tem. Eu venho até a *lan house*, venho na *lan house* de manhã, aí tem que pagar, né?".

E, no universo das *lan houses*, muitos sequer acessam essas informações, preferindo os jogos eletrônicos, as salas virtuais de bate-papo e os contatos pessoais, como destacado anteriormente. Confrontado com esse fato, o DJ

Branco acredita que há ainda um longo caminho a ser percorrido para a utilização da internet como um meio de atuação política para grupos de capoeira e hip hop em Salvador:

> Sim, o uso mais crítico da internet está restrito aos grupos específicos que atuam nos diversos movimentos. Isso é uma questão cultural, depende de nós enquanto seres políticos, propositores de mudanças, para mudar esse quadro. Estamos na tal era da informação, os órgãos governamentais estão investindo muito nas TIC's (Tecnologia de Informação e Comunicação), com a criação de telecentros de inclusão digital, infocentros, projeto Casa Brasil etc. Só que tem um problema, a metodologia de ensino, que é aplicada para o público atendido nesses meios, deixa muito a desejar, não basta apenas ensinar ao educando como navegar na internet, ou criar uma conta de e-mail, ou fazer pesquisa. E sim dizer para ele que a internet é um espaço de aprendizado, um espaço de poder, no qual a informação chega em primeira mão, um espaço de articulação política, entretenimento, conhecimento e formação; dizer que a internet possibilita muito mais do que só mandar mensagens para os amigos no Orkut ou ficar de bate-papo no MSN. Costumo dizer que se um dia acabarem com o Orkut e o MSN, as *lan houses* vão falir, porque a maioria das pessoas que vai à *lan house* não faz outra coisa a não ser ficar de bate-papo na internet ou no Orkut; isso é uma coisa cultural, temos que reeducar nosso povo... A mídia convencional contribui para a alienação do nosso povo, colocando em sua programação semanal programas que só falam besteirol, manipulam as informações, pautam a vida humana e desviam atenção de outras coisas mais importantes.

Embora originários de universos culturais bastante distintos, a capoeira e o hip hop apresentam similaridades no discurso sobre a cidade e as áreas onde atuam. É um discurso que oscila entre fechamento e abertura, entre comunidades e bairros e a cidade e o mundo. A cidade é vista como base para expansão de redes sociais, de articulação para além da metrópole soteropolitana:

> E a gente é uma organização que não atua só aqui na Bahia, a gente tá expandindo, teve agora o segundo encontro nordestino de hip hop lá na Paraíba, na cidade de João Pessoa, onde já existem representantes, pessoas de lá que integram a CMA HIP HOP para a gente fortalecer a comunicação independente, não só aqui em Salvador e na Bahia, mas também no Nordeste (DJ Branco, militante do movimento hip hop em Salvador).

> Hoje a Vadiação está implantada em algumas cidades do estado da Bahia, como Coração de Jesus, Uruçuca, Itabuna, a sede que é aqui em Salvador, mas atuamos também em dois países: na Austrália e na Espanha (André, contramestre do grupo Vadiação Capoeira de Itapuã).

O hip hop, uma cultura "estrangeira"[7], ao se territorializar em Salvador, através do break, do rap e do grafite, lança as bases para um discurso com "cores locais" e novas formas de ação/articulação com outros agentes, incluindo o poder municipal, em suas táticas de territorialização. O objetivo é, ao que parece, ampliar o debate sobre esse tipo de manifestação cultural no universo baiano e soteropolitano:

> Uma coisa positiva que a gente conseguiu em 2004: fazer um debate com o poder público aqui em Salvador, é essa a época na qual vários pichadores da cidade de Salvador estavam sendo perseguidos e ameaçados pela polícia por estarem pichando órgãos públicos e aí a Rede AYÊ HIP HOP, que é a organização que eu também faço parte, ela chamou o poder público para discutir isso (DJ Branco, militante do movimento hip hop em Salvador).

A produção do espaço através da ação e do discurso

Em Salvador, terceira aglomeração do país, não há divisão de bairros e esses recortes espaciais não são considerados pelas estratégias dos órgãos de planejamento.[8] Sem limites definidos – embora nos últimos dois anos uma lei de delimitação dos bairros da cidade esteja sendo elaborada pela Conder (Companhia de Desenvolvimento Urbano do Estado da Bahia) –, os bairros simplesmente não existem para os planejadores.

No entanto, as táticas de apropriação dos meios de comunicação na cidade demonstram claramente que os "bairros" compõem o repertório da vida cotidiana nas áreas populares da capital baiana, "repertório" aqui mencionado na acepção de Michel de Certeau (1994) em *A invenção do cotidiano*. A existência dos bairros populares pode ser encarada como expressão da criatividade e da inventividade dos moradores dessas áreas da cidade, que se manifestam em um discurso que se contrapõe às estratégias oficiais dos órgãos públicos de planejamento.

No discurso dos porta-vozes das rádios comunitárias pesquisadas, entrevistados no curso de nossas pesquisas nos bairros populares de Salvador, o "bairro" é sempre valorizado como recorte espacial: ora fazendo referência à inserção das emissoras nessas áreas, refletida nos conteúdos locais veiculados em sua programação, ora enfatizando o caráter de "interesse público" dessas emissoras para a população, para levantar a autoestima dos moradores ou ainda para prestar-lhes serviços de utilidade pública.

É comum também, na fala de nossos entrevistados, a ênfase no surgimento de uma rádio comunitária como resultado da reivindicação dos moradores do bairro onde se insere, como consequência de processos de mobilização dos habitantes, ou ainda de sua necessidade de comunicação. Também como resultado do apoio de associações culturais/de moradores ou, como vimos, das parcerias com os comerciantes locais. Reivindicam também o reconhecimento do trabalho prestado às populações dos bairros onde estão inseridas, como argumenta o entrevistado Jorge, da Rádio Comunitária J P Publicidade, em Plataforma, no Subúrbio Ferroviário de Salvador: "Desenvolvemos projetos junto à associação e às lideranças daqui do bairro sempre dando apoio a esses projetos. A população não só participa como também é beneficiada por nossos programas (de utilidade pública, informativos, educacionais e outros)".

Hoje, Salvador está dividida em 17 regiões administrativas, cada uma delas com uma administração regional própria. A região administrativa foi utilizada como a unidade espacial de referência para a discussão sobre a revisão do Plano Diretor de Desenvolvimento Urbano da cidade, sancionado pelo prefeito no início de 2008. O exemplo do processo de revisão do Plano Diretor de Salvador a partir de discussões nas administrações regionais da cidade serve para realçar a questão da participação popular nas instâncias de planejamento e gestão, vista em muitas cidades como panaceia para os males urbanos (Serpa, 2007b).

No Orçamento Participativo de Porto Alegre, experiência tida como exitosa e emblemática, pesquisas apontam para o descompasso entre os espaços de vivência da população (bairros) e os espaços tomados como base para determinar os percentuais de participação das lideranças comunitárias, em geral "pinçadas" de espaços abstratos maiores, as Regiões Administrativas (ver Souza, 2000). Esses espaços não se legitimam no cotidiano dos habitantes da cidade e colocam em xeque a representatividade das comissões de discussão e decisão das políticas públicas resultantes do Orçamento Participativo (Serpa, 2007b).

Ao elegerem o "bairro" como prioridade, os agentes produtores de conteúdos para as rádios comunitárias e os domínios virtuais alternativos acabam veiculando taticamente um discurso contra-hegemônico que questiona de modo lúdico e, muitas vezes, aparentemente "descompromissado", as estratégias governamentais hegemônicas de gestão urbana.

Por outro lado, a substituição no discurso desses agentes de termos como "patrocínios" e "subvenções" por "apoios culturais" e "parcerias" explicita também suas "táticas" cotidianas para contornar as dificuldades financeiras advindas, no caso específico das rádios comunitárias, da própria legislação, que impede um funcionamento mais "comercial" desses veículos de comunicação. No entanto, mais uma vez, o discurso aqui é local e baseia-se no apoio de comerciantes dos bairros, na maior parte dos casos com acertos verbais e sem firmar contratos.

A lógica aqui não é, portanto, exclusivamente monetária, mas baseada também em situações de solidariedade, constituindo-se, de fato, em parcerias e apoios. Ressalte-se a ênfase no termo "comunidade", muitas vezes em substituição a "bairro". Longe de defenderem "comunidades fechadas", a acepção aqui é de comunidades de comunicação e troca com o exterior, com a cidade e com o mundo. Reinventa-se nesse contexto o sentido de comunidade, não baseada na identidade, mas na diferença entre bairros e entre os próprios agentes envolvidos. Como nos lembra Bauman (2003), a comunidade parece sempre ser uma coisa boa: "Em suma, 'comunidade' é o tipo de mundo que não está, lamentavelmente, a nosso alcance [...] é nos dias de hoje outro nome do paraíso perdido" (p. 9).

Aqui, a dialética entre hegemonia e contra-hegemonia se revela, pois, ao incorporar no discurso uma lógica comunitária e utópica, esses agentes arriscam-se a trocar liberdade e autonomia por segurança e dependência: "a promoção da segurança sempre requer o sacrifício da liberdade, enquanto essa só pode ser ampliada à custa da segurança" (Bauman, 2003: 24). Esse é o caso precisamente do movimento hip hop em Salvador, cujas formas de atuação/expressão como o grafite vêm, de certo modo, sendo "cooptadas" pelo poder municipal, como admite um de seus porta-vozes na cidade, embora o termo "cooptação" não seja utilizado em sua declaração como entrevistado de nossas pesquisas:

> A gente resolveu fazer um debate, o nome do debate se chamou: "Pichadores e Poder Público: um bombardeio de ideias", onde pichadores da cidade de Salvador e região, grafiteiros e o poder público se reuniram para discutir. E aí desencadeou o projeto Salvador Grafita, que hoje emprega mais de 50 jovens, que são contratados pela prefeitura para dar um colorido na cidade (DJ Branco, militante do movimento hip hop em Salvador).

Mas, por outro lado, é precisamente do embate entre valores hegemônicos e contra-hegemônicos que podem surgir novas perspectivas para a cidade e o urbano, em direção a utopias renovadas, fazendo também ressurgir com nova roupagem as temáticas do direito à cidade e da participação popular nos processos de planejamento. O mesmo DJ Branco reafirma a importância da internet e das redes virtuais para fazer frente a uma mídia veiculadora de conteúdos hegemônicos e que, em geral, estigmatiza os participantes do movimento hip hop e seus lugares de ocorrência:

> Uma coisa importante é o espaço para comunicação que a galera do hip hop vem encontrando: mais espaço independente por não concordar com essa mídia que está aí, que o tempo todo criminaliza a cultura hip hop. E a mídia hoje trata o hip hop de duas formas: ela, querendo ou não, percebe a importância do hip hop como instrumento de transformação social, ela divulga os jovens do hip hop como atores político-sociais, e, de outro lado, ela também criminaliza a música rap: que é música que só fala palavrão, que fala de droga, que fala de morte, que fala mal do governo, mas ela admite também que o hip hop é instrumento de transformação da realidade. É bem contraditória essa mídia. E aí quando a mídia chama a gente para dar entrevista referente ao movimento hip hop, a gente se recusa a fazer entrevista gravada, a gente quer fazer entrevista ao vivo, porque sabemos como é que eles fazem: manipulam informação, editam e botam o que eles querem, sabe?

O estigma acompanha também a capoeira, cuja prática foi discriminalizada somente no ano de 1937, quando se transforma em esporte e são organizadas academias para seu ensino. Originária da experiência de africanos e seus descendentes no Brasil, desde 2008 está registrada como patrimônio imaterial pelo Instituto de Patrimônio Histórico e Artístico Nacional, do Ministério da Cultura (Oliveira e Leal, 2009). A "arte-luta", representada pelos movimentos das danças e pelos rituais dos negros, constituiu-se em um modo de resistência, manifestado inicialmente em praças, áreas portuárias, próximo às igrejas ou das estalagens onde viviam os escravos "de ganho[9]" (Röhring-Assunção, 2004: 366). A sua história é marcada pelas perseguições policiais aos praticantes, comumente chamados de "vagabundos" e considerados "perigosos" para o restante da sociedade. A partir da sistematização do ensino de capoeira, ela passa a ser ministrada em escolas públicas e privadas em praticamente todos os bairros da cidade:

> A gente costuma dizer que a capoeira deixou de ser um esporte, uma luta do negro, pra se tornar um esporte do branco. Hoje em dia você chega nas escolas da Pituba, Ondina, Amaralina, quase todas as escolas têm capoeira. [...] É como se fosse a matéria Educação Física (Paulo Bonfim, do Grupo Unicar).

Mesmo com sua disseminação na cidade e no mundo, muitas vezes facilitada pelas redes sociais virtuais, a exemplo das comunidades no Orkut, objeto de pesquisas desenvolvidas pelo Grupo Espaço Livre, persiste o preconceito e o estigma em relação aos praticantes da capoeira. Em entrevistas concedidas no âmbito destas pesquisas, mestre Boca Rica, com 74 anos, e BibaRenata, com 19 anos, falam como começaram a praticar capoeira e das dificuldades encontradas por eles para sua iniciação. Os 55 anos de diferença de idade entre ambos os entrevistados mostram que as dificuldades persistem, deixando, assim, evidentes o estigma e o preconceito relacionados com a prática da capoeira em Salvador:

> Gostei da capoeira, aí falei com minha mãe, com meu pai, aí eles, não, capoeira não, é negócio de malandro, de moleque, eles falaram comigo. Aí teve um tio que disse, não, deixe ele fazer a capoeira dele; ele é um menino direito e trabalhador, deixe ele fazer a capoeira dele (mestre Boca Rica, do grupo de Capoeira Angola).

> Teve um dia que a capoeira foi para o condomínio onde eu morava, aí cheguei lá vi um grupo treinando, sempre ficava na janela vendo. Na época eu não podia fazer, porque minha mãe não queria que eu fizesse, por causa de uma galera que estava fazendo (BibaRenata, sem grupo específico, por motivos pessoais).

As ideias de bairro ou de comunidade, presentes no discurso dos agentes que se apropriam dos meios de comunicação tratados neste livro, revelam, por outro lado, o conteúdo político de suas ações, nos termos colocados por Hannah Arendt e Jürgen Habermas, consolidando-se como táticas que têm rebatimento concreto em seus lugares de atuação. São táticas que abrem esses grupos para o "exterior", revelando ainda uma característica fundamental de suas formas de organização: A articulação em redes de sociabilidade, que, muitas vezes, extrapolam os limites dos bairros e das "comunidades" onde atuam (Serpa, 2005).

Sem dúvida, essas redes sócio-espaciais, articulando as áreas populares das cidades, podem se constituir em um ponto de partida para a consolidação de estratégias mais eficazes de planejamento participativo, contribuindo inclusive para melhorar a representatividade das lideranças populares nos conselhos municipais e estaduais, aproximando os órgãos de planejamento das áreas populares da cidade.

As táticas populares de apropriação sócio-espacial dos meios de comunicação podem, portanto, fundamentar a construção de uma estratégia coletiva de planejamento participativo, na qual as diferenças e a autonomia dos participantes sejam os valores norteadores para o desenvolvimento, a implementação e a gestão de programas, planos e projetos de interesse da cidade.

É claro que estamos aqui no terreno das utopias urbanas, enfatizado na obra de Henri Lefebvre. Isso coloca tanto para a Geografia, como para o Planejamento, uma agenda de pesquisa que busque qualificar os encontros e as trocas na cidade contemporânea, debruçando-se sobre a densidade de ocorrência das manifestações culturais nos espaços públicos das metrópoles e refletindo sobre a adequação entre formas e conteúdos urbanos.

É necessário qualificar nossas análises e nossos levantamentos, dando visibilidade àquilo que está oculto para a produção e o consumo cultural de massa. Trata-se de explicitar as manifestações da cultura popular em nossas cidades e suas formas de organização, resgatando o sentido lúdico e a ludicidade do urbano no período contemporâneo.

E o que se busca, afinal, é a construção de um diálogo profícuo entre os diferentes agentes envolvidos nos processos de planejamento e gestão urbanos, consolidando processualmente, no contexto local, estruturas de organização participativas e, na maior parte dos casos, não hierárquicas, como aquelas analisadas ao longo deste capítulo.

Uma abordagem assim para os processos de planejamento e gestão urbanos remete à ideia de uma esfera pública urbana menos desigual e mais acessível aos ativismos socioculturais que se manifestam na capital baiana (Serpa, 2009), fundamentados por ações e discursos respaldados na experiência que enuncia e "fabrica" lugares urbanos através da apropriação sócio-espacial dos meios de comunicação nas áreas populares da metrópole.

Notas

1 As pesquisas de campo relativas às rádios comunitárias foram realizadas por Bruno Carvalho Soares, bolsista de Iniciação Científica do CNPq, de agosto de 2005 a julho de 2008, junto ao Grupo de Pesquisa Espaço Livre de Pesquisa-Ação (DGEO/MGEO-UFBA). Veja também: Soares, 2007 e Soares; Serpa, 2009.

2 As pesquisas de campo relativas aos domínios virtuais de utilidade pública foram realizadas por Renata Maria de Jesus Bahia, bolsista de Iniciação Científica do CNPq, de agosto de 2006 a julho de 2008, junto ao Grupo de Pesquisa Espaço Livre de Pesquisa-Ação (DGEO/MGEO-UFBA). Veja também: Bahia, 2008.

3 São manifestações muitas vezes "esquecidas" pelos meios de comunicação de massa e pelo *marketing* turístico, como a capoeira, as rendeiras, a costura artesanal, as festas de pescadores, os grupos de teatro popular, as festas promovidas pelas associações de moradores, os autos de natal, os corais, os carnavais de bairro, o maculelê, os blocos e as danças afro. Na maioria das vezes, é no espaço das associações de moradores, das paróquias e dos terreiros de candomblé que essas manifestações encontram algum espaço de expressão. Ao mesmo tempo, muitas delas vão desaparecendo, permanecendo vivas apenas na memória de alguns moradores (Serpa, 2007a e b).

4 Hoje são bairros consolidados do Subúrbio Ferroviário de Salvador.

5 As pesquisas de campo relativas aos domínios virtuais de movimentos culturais e artísticos foram realizadas por Karla Gomes Moraes, bolsista de Iniciação Científica do CNPq, junto ao Grupo de Pesquisa Espaço Livre de Pesquisa-Ação (DGEO/MGEO-UFBA) entre agosto de 2007 e julho de 2009. Veja também: Moraes, 2008.

6 As pesquisas de campo relativas às relações entre capoeira e internet foram realizadas por Henrique Barros de Araújo, bolsista de Iniciação Científica do CNPq, e Sérgio da Silva Borges, estudante voluntário de Iniciação Científica, de novembro de 2009 a julho de 2010, junto ao Grupo de Pesquisa Espaço Livre de Pesquisa-Ação (DGEO/MGEO-UFBA).

7 O hip hop surgiu, nos anos 1970, na cidade de Nova York, mais especificamente no bairro do Bronx, a partir da atuação de jovens afrodescendentes ou de origem latina.

8 A Lei n. 1.038, de 15 de junho de 1960, que fixa a delimitação urbana dos distritos e subdistritos da cidade, dividindo-os também em bairros, jamais foi implementada no cotidiano da administração municipal (Serpa, 2007b).

9 Segundo Vasconcelos (2004: 267), "o desenvolvimento das atividades dos escravos de 'ganho' permitiu aos mesmos morar independentemente da residência do senhor, devendo trazer o rendimento combinado, e serem responsáveis por sua alimentação e abrigo. Nesse caso, caberia ao Estado o seu controle. Os libertos também deveriam resolver seu problema habitacional por sua própria conta".

MÍDIA ALTERNATIVA E MULTICULTURAL EM BERLIM

Sobre financiamento, voluntarismo e localização dos grupos e das iniciativas na cidade

Em Berlim, grande parte dos grupos e das iniciativas pesquisados, envolvidos nos processos de apropriação sócio-espacial dos meios de comunicação, apresenta problemas de financiamento de suas atividades.

Em relação às iniciativas de rádio, o "nó" da questão é o modo de financiar as atividades de uma emissora não comercial, sem fins lucrativos, na cidade. Uma possibilidade seria a utilização de parte dos recursos públicos angariados com o pagamento das taxas GEZ.[1] Para muitos, uma "rádio livre", sem fins comercias, deveria ser mantida ou com subvenção pública ou com a colaboração de sócios de uma associação que mantivesse financeiramente uma rádio assim.

Na Alemanha, os usuários das emissoras abertas de rádio e televisão devem pagar as taxas GEZ, mas, embora haja algum controle por parte dos órgãos reguladores, o pagamento é voluntário:

> Há um controle, gente que bate na sua porta ocasionalmente para perguntar se você tem em casa um aparelho de televisão ou de rádio, mas eles não têm permissão para entrar nas casas, você pode dizer simplesmente que não tem e eles não podem fazer nada, quem bate na sua porta são funcionários públicos, não a polícia. Mas de qualquer forma isso origina milhões de euros que poderiam ser usados também para subvencionar as rádios livres. Existe um acordo que prevê que 2% desses recursos deveriam ser destinados a rádios não comerciais, com uma missão "cultural", com esse dinheiro poderiam ser financiadas duas ou três rádios não comerciais em Berlim[2] (Jens Gröger, Pi-Radio).

A falta de fontes seguras de financiamento compromete a consolidação e a continuidade de muitas dessas iniciativas. Um exemplo emblemático em Berlim é a Rádio Multiculti, que começou como um projeto multicultural há cerca de 15 anos. No início dos trabalhos era uma iniciativa financiada com ajuda estatal, do Senado de Berlim, contando também com apoio da MABB (Medienanstalt Berlin Brandenburg, órgão regulador dos meios de comunicação para os dois estados). No entanto, no final de 2008, a rádio perdeu sua frequência e se viu obrigada a migrar para a internet. Hoje, segundo sua coordenadora, funciona praticamente sem dinheiro, sobrevivendo através de doações dos ouvintes fiéis: muitos deles pararam de pagar as taxas GEZ para doar esse dinheiro mensalmente para a Rádio Multiculti, depositando-o na conta bancária da emissora, aberta a doações.

São pequenas quantias doadas por simpatizantes, que, no entanto, não são suficientes para cobrir os gastos da rádio: "Isso dá um total apertado de dois mil euros por mês, é muito pouco. Nós estamos esperando a ajuda pública que nos prometeram, estamos também dando entrada em pedidos de financiamento para novos projetos" (Brigitta Gabrin, Rádio Multiculti 2.0). A decisão de migrar para a internet baseou-se, entre outros, no critério de economia de custos, embora, para funcionar a contento, uma *webradio* necessite de um servidor potente para armazenar uma maior quantidade de dados e suportar um número mais significativo de acessos. A Rádio Multiculti, por exemplo, paga por 250 acessos simultâneos 114 euros por mês.

Um servidor mais potente para abrigar os dados e a programação da Rádio Friedrichshain é também uma preocupação de seu coordenador, que vem buscando "uma parceria com um provedor que nos apoie, de modo que mais pessoas possam acessar nossos programas" (Andreas Baier, Rádio Friedrichshain). Embora admita as dificuldades de financiamento, Baier acredita que uma rádio livre, para garantir sua independência, deve se manter distante da propaganda e das inserções comerciais, "pois dinheiro pode produzir dependência, pode influenciar a concepção de programas com fins de promoção. Ou seja, a rádio precisa ser financeiramente independente, precisa ser crítica e fiel às coisas como se passam na realidade".

A indefinição quanto ao financiamento de rádios sem fins comerciais em Berlim contribui, por outro lado, para o surgimento de formas híbridas, como o caso da Rádio Onda, com um caráter a um só tempo comercial e não comercial. A rádio surgiu a partir de uma agência de notícias especializada em fatos e ocorrências do continente latino-americano, o Poonal, constituindo-se como uma sociedade anônima, sem fins lucrativos, financiada com fundos da União Europeia, mas, sempre que havia problemas de ordem política, surgiam também problemas de financiamento: "na verdade, uma parte dos conteúdos produzidos para a rádio era pensada também para ser vendida para rádios comerciais, como uma forma de autofinanciamento" (Winnie Medina, Rádio Onda).

Entre os participantes das iniciativas de rádio na capital alemã há aqueles que acreditam que a questão do financiamento é crucial para sua profissionalização e para a resolução de muitos dos conflitos e impasses relacionados ao funcionamento de rádios não comerciais nos estados de Berlim e Brandemburgo:

> Se eu ganho dinheiro com o que eu faço, tenho outra relação com o trabalho, eu estou separado do produto do meu trabalho, pois o dinheiro funciona como um meio de separação. Mas no momento em que não recebo nada pelo trabalho, me identifico com o produto. Eu sempre achei interessante nesses conflitos, nessas discussões sobre rádio, nessas disputas, que algumas pessoas falavam *"my baby"*, que utilizavam tais expressões para falar de seus programas, mas isso mostra também que há muita vontade, muita energia nessas iniciativas na cidade. E, na verdade, esses grupos compartilham valores éticos, políticos e culturais muito parecidos. O problema está justamente nisso, de se identificar mais com seu produto do que com o coletivo (Johannes Willms, Bootlab).

Migrar para a internet, algo visto como solução para as rádios alternativas em Berlim, diminui uma parte dos custos envolvidos, mas novas demandas acabam surgindo – como a questão do servidor, já mencionada. Outro exemplo são os custos de realização de pesquisas de opinião junto ao público que acessa a programação dessas emissoras, como no caso da Rádio Jojo, uma *webradio* direcionada para o público infanto-juvenil. Embora não haja dinheiro para isso, essas pesquisas seriam necessárias para conhecer melhor os ouvintes das *webradios* em Berlim e Brandemburgo. Por outro lado, para o coordenador da rádio, os conteúdos veiculados não devem ter um caráter estritamente local, pois isso dificultaria a busca por novos apoios e parcerias: "Vamos tentar isso junto à Unesco. Também junto à Unicef e ao Banco Mundial. Não temos certeza se vai dar certo, mas precisamos fazer isso!" (Thomas Röhlinger, Rádio Jojo).

Em Berlim e Brandemburgo, 2% das taxas GEZ são utilizadas para financiar os trabalhos do órgão regulador dos meios de comunicação nos dois estados, a MABB. Os recursos não utilizados pelo órgão são devolvidos para as emissoras públicas, como a RBB, que decidem então como empregá-los. Questionada sobre a possibilidade de utilização desses recursos para financiar projetos como a Rádio Multiculti, Anka Heinze, da MABB, afirma que o órgão não tem permissão para apoiar a produção de conteúdos ou programas:

> A sra. Gabrin fez contatos com os deputados antes da formulação das leis de comunicação para os estados de Berlim e Brandemburgo, e esperava que uma frase fosse incluída, que contemplasse a possibilidade de apoio e

subvenção por parte da MABB para iniciativas não comerciais de rádio, por exemplo a Rádio Multiculti, mas isso infelizmente não ocorreu. Por isso, não podemos apoiar financeiramente a rádio. Eles podem apresentar projetos, mas não temos a permissão de apoiá-los financeiramente.

Parte dos recursos destinados para a MABB é utilizada também para apoiar as atividades do Canal Aberto (Offener Kanal-Alex), uma emissora aberta aos produtores de conteúdos para o rádio e a televisão em Berlim. O orçamento anual do Alex é de um milhão e meio de euros. Com esse orçamento são pagos o aluguel do prédio onde estão instalados, os salários de 13 trabalhadores fixos e a aquisição/manutenção dos equipamentos. Além disso, o Alex dispõe também de parcerias que viabilizam a realização de projetos especiais, como explica Anneke Plass, da assessoria de comunicação da emissora:

> Nós aproveitamos os recursos que nossos parceiros de projetos especiais aportam à produção dos programas. Mas temos dinheiro suficiente para financiar a emissora e a produção dos programas. Dispomos de uma infraestrutura técnica moderna, resultado de investimentos feitos pela MABB e pelo Medienrat.

A questão do financiamento é patente entre outras iniciativas na cidade, como a Open Media, voltada para o trabalho de alfabetização digital em Berlim. Seu coordenador, Frieder Bronner, chama a atenção para a diversificação das fontes de recursos, para além das possibilidades locais de financiamento:

> Na esfera local, não temos praticamente nenhuma chance de conseguir recursos. São tantos grupos, tantas iniciativas desenvolvendo projetos interessantes! Grupos e iniciativas que também não possuem uma estrutura sólida para desenvolver seus projetos. E quando aparece algum pequeno recurso, de 10 mil euros, por exemplo, há uma "corrida" para buscar esses recursos, todos solicitam recursos para as mesmas fontes locais. E quem acaba recebendo esses recursos são justamente aqueles grupos e iniciativas que são mais bem estruturados. Então estamos buscando descolar nosso trabalho de alfabetização digital do distrito de Neukölln, estamos buscando parcerias com outros grupos, desenvolvendo parcerias em rede, para solicitar recursos junto à União Europeia para novos projetos. Isso demanda um esforço muito grande de organização, exige uma melhor estruturação do trabalho, uma coisa que no momento não podemos oferecer sozinhos.

Segundo Frieder Bronner, tudo que acontece hoje com o trabalho da Open Media é por iniciativa própria do grupo. As atividades corriam bem quando eles ainda dispunham de uma sede no distrito de Neukölln e de empregos do tipo "Um Euro". Desse modo, pessoas que estavam desempregadas podiam trabalhar na sede do grupo com empregos pagos com salário simbólico de um euro. A iniciativa Open Media garantia as condições de trabalho e atestados para que essas pessoas pudessem desenvolver seus projetos com autonomia e liberdade, buscando por conta própria financiamento para desenvolver suas atividades.

Atuando também no distrito de Neukölln, duas outras iniciativas relacionadas com a produção de vídeos e com a internet enfrentam, do mesmo modo, o dilema do financiamento de suas atividades. A primeira delas, o Sender Freies Neukölln, é, segundo seu idealizador, Mathias Merkle, uma produtora independente de programas de vídeo que se autofinancia com o lucro de um bar-restaurante. Ele reconhece que falta dinheiro para a produção dos programas de vídeo veiculados na página do grupo na internet. Mesmo assim, o grupo de artistas disponibiliza uma variedade incrível de conteúdos, desde novelas até programas jornalísticos ou de humor. No momento, pensam em como conseguir novas fontes de financiamento para pagar as pessoas que trabalham na produção dos programas.

> Pagamos alguma coisa quando é possível fazer isso. Isso depende também da situação financeira de cada um, se alguém está com problemas de dinheiro e diz que precisa trabalhar e não pode filmar, tentamos pagar alguma coisa para não prejudicar a produção daquele programa específico. Mas essa questão ainda não está totalmente resolvida para nós. Nós fazemos isso há dois anos e nesse momento achamos que alguma coisa precisa acontecer nesse campo de financiamento de nossa produção (Mathias Merkle, Sender Freies Neukölln).

A segunda iniciativa, de cunho mais pedagógico, desenvolve cursos de vídeo com jovens de escolas públicas, principalmente com filhos de migrantes, algo determinado também por aqueles que apoiam o trabalho, como demonstra a argumentação de Julia Eskner, coordenadora da iniciativa Streetgriot, ao falar sobre um dos projetos recentemente desenvolvidos pelo grupo: "A ideia de quem financiou o projeto era a de trabalhar com o tema antissemitismo, mas quisemos ampliar essa ideia e trabalhar com esses migrantes que têm direito a voto, mas que não votam, perderam o interesse em fazê-lo". Como resultado dos trabalhos desenvolvidos, os vídeos produzidos também são veiculados na página do Streetgriot na internet.

As dificuldades de financiamento parecem, pois, condicionar uma ligação estreita de todas essas iniciativas de rádio e vídeo com o universo virtual, algo também determinado pelo barateamento dos custos relacionados com a implantação de uma rede de internet sem fio. A iniciativa Freifunk, por exemplo, vem construindo, com muita criatividade, uma infraestrutura descentralizada de rede sem fio em determinados distritos da cidade, gerenciada pelos próprios usuários e com custos muito baixos:

> Precisamos primeiro diferenciar duas coisas, a internet e a rede Freifunk. Os custos principais para os participantes da rede Freifunk estão relacionados com os aparelhos. Você vai precisar de um roteador, que custa normalmente em torno de 30 a 60 euros. Para muita gente isso é caro, mas em comparação com qualquer outra tecnologia é muito mais barata. E se você compra uma quantidade maior de roteadores você pode conseguir um preço melhor ou até mesmo a doação de alguns aparelhos pelos fornecedores. Uma ideia importante da rede Freifunk é que esses roteadores não pertencem a uma organização, mas às pessoas que os utilizam. Desse modo é criada uma infraestrutura que vai ser utilizada por todos de modo coletivo (Jürgen Neumann, Freifunk).

Neumann chama atenção para o fato de que, se essa infraestrutura pertencesse a uma única organização ou indivíduo, isso poderia ter consequências legais, pois essa organização ou esse indivíduo poderiam ser considerados um provedor. Além disso, segundo ele, isso seria também contraditório com a ideia de uma rede descentralizada, já que uma única organização poderia desabilitar ou vender a rede para terceiros. Mas se a "propriedade" da rede está nas mãos dos usuários, a infraestrutura permanece coletiva e continua funcionando, mesmo que alguns dos usuários abandonem a rede ou vendam seus roteadores:

> Isso significa que se microcrédito for utilizado, por exemplo, para construir uma infraestrutura assim, é necessário estar sempre atento para que ela permaneça nas mãos de seus usuários, que eles tenham seus próprios

> roteadores e tenham algum conhecimento da técnica. Uma ideia de base da rede Freifunk é a de que seus usuários possam gerir a infraestrutura instalada de suporte à rede (Jürgen Neumann, Freifunk).

Não é o que acontece com a infraestrutura de internet sem fio pertencente aos grandes provedores, instalada na maior parte dos distritos de Berlim. O momento, inclusive, é o de ampliação dessa infraestrutura nos espaços públicos da cidade, destinando a sua implantação e operação para grandes empresas do ramo, via edital público. Para Jürgen Neumann, no entanto, essa infraestrutura não será distribuída de modo justo e igualitário na cidade, já que "vai ser instalada naqueles locais onde há mais turistas e pessoas que podem pagar pelo serviço, e vai funcionar bem aí; enquanto em distritos como Neukóln, Wedding, Friedrichshain, essa infraestrutura não vai existir nunca, pois lá não há uma densidade suficiente de clientes, de pessoas que possam pagar pelo serviço, um serviço caro, que exige a instalação de centenas ou de milhares de roteadores".

Em geral, as iniciativas e os grupos analisados baseiam-se no trabalho voluntário de seus participantes. São grupos pouco numerosos (com uma a duas dezenas de integrantes), alguns deles participando ativamente de mais de um grupo/de uma iniciativa. Esses grupos e iniciativas estão mais concentrados em alguns distritos da cidade, como Kreuzberg, Neukóln e Wedding, do lado ocidental, Mitte, Friedrichshain e Prenzlauer Berg, na parte oriental da capital alemã.

A definição do que seria uma rádio livre e como elas deveriam funcionar, por exemplo, esbarra na grande variedade dos grupos envolvidos com a produção de conteúdos e programas para o rádio, bem como de suas diferentes acepções sobre o tema. São mais de uma dezena de iniciativas assim em Berlim, todas constituídas por grupos com cinco a vinte participantes. Em alguns momentos, esses interesses podem convergir para a realização de um evento comum, como o Funkwelle, no qual, durante alguns meses, transmitem diariamente programas de rádio através de uma frequência concedida pela MABB por tempo determinado. De acordo com Stefan Tenner (Rádio Corax/Rádio Kampagne), no verão de 2008 o evento durou um mês e reuniu integrantes da Mikro FM, da Polyphon e da Pi-Radio, entre outras: "difícil falar de todas, pois muitas pessoas participam de mais de uma iniciativa ou participaram de uma iniciativa e depois mudaram para outra".

As intersecções entre as iniciativas de rádio é algo recorrente em Berlim, mas não se pode falar sobre consenso quando se trata de orientar e garantir o funcionamento de rádios livres (não comerciais) na cidade. Como são grupos muito pequenos, algumas pessoas, inclusive participando de mais de uma iniciativa, acabam sendo sobrecarregadas pelo trabalho envolvido, em geral realizado de modo voluntário:

> De fato, hoje, na maioria das rádios livres são pouquíssimas pessoas que investem no funcionamento dessas rádios uma energia enorme; nas rádios alemãs existem por isso poucas pessoas preocupadas com processos democráticos de planejamento e administração das rádios, da programação. Em Berlim sempre houve formas mistas: em um extremo pessoas que brigam por esse modelo "puro" de rádio livre, alguns têm pretensões comerciais, querem ganhar dinheiro com o trabalho que fazem, outros dizem que não se deve ganhar dinheiro com o trabalho em uma rádio livre. Mas a ideia básica é que entre todas essas pessoas, que fazem e ouvem rádio, existe algo em comum, uma identificação com o produto "rádio" (Johannes Willms, Bootlab).

Um desses grupos, a iniciativa Mikro FM, tentou durante um ano produzir e transmitir uma programação de rádio através de minitransmissores acoplados a laptops, sempre aos domingos, a partir das 18h. Os participantes se encontravam em um estúdio e, segundo Heiko Thierl, como eram poucos, isso dava certa mobilidade ao grupo, já que, na prática, precisavam apenas de um mixador e dois laptops, um para transmitir e outro para decodificar os dados para o servidor que distribuía a programação, não importando o local da transmissão.

Para Thierl, em princípio, todo ouvinte que tiver um minitransmissor pode também produzir e transmitir programas de rádio. Alguém poderia fazer isso em seu carro, sozinho, mas ninguém iria tomar conhecimento disso:

> Para que isso ocorra é necessário um trabalho de coordenação, reunir as pessoas que querem fazer rádio e dar a elas acesso a um servidor. Assim, podemos organizar as coisas de modo que um grupo transmita

> em um domingo, outro grupo no domingo seguinte, o ideal seria que conseguíssemos ter uma programação de 24 horas, uma vez por semana, de modo que as pessoas se acostumassem a ouvir a programação naquele dia e horário (Heiko Thierl, Mikro FM).

Heiko Thierl admite, no entanto, que, depois de um ano fazendo isso todo domingo, estavam esgotados e não tinham mais energia para continuar. Também não conseguiram atrair mais pessoas para o projeto e foram obrigados a parar:

> No nosso caso tínhamos um grupo central de pessoas que sempre estavam lá aos domingos, umas cinco a sete pessoas com as quais podíamos contar. Com esse número não é possível fazer uma redação funcionar de modo satisfatório, além disso, precisamos também de gente que domine a técnica etc. No total, eram na verdade vinte pessoas que achavam o projeto interessante, mas a maioria não se dispunha a assumir o compromisso de fazer rádio todos os domingos, ou seja, não ajudavam efetivamente a tocar o projeto. Por isso, nós que tocávamos o projeto aos domingos esgotamos nossas energias, afinal também queríamos ir nadar no lago no final de semana e não podíamos fazer isso, pois tínhamos o compromisso de fazer rádio todo domingo.

Atualmente, os participantes da Mikro FM não transmitem mais programas ao vivo aos domingos, mas ainda organizam transmissões de rádio em ocasiões especiais, como um evento ou um congresso específico. Uma grande passeata ou manifestação pode ser uma boa ocasião para o grupo voltar a se reunir, como a cobertura de uma demonstração contra os efeitos da crise econômica que reuniu milhares de pessoas no centro de Berlim, no dia 28 de março de 2009. Várias iniciativas de rádio se reuniram no estúdio da Rádio Onda em Kreuzberg para realizar a cobertura jornalística do evento, transmitindo entrevistas e análises ao vivo:

> Naquele dia não éramos Mikro FM, pois havia outras pessoas de outras iniciativas e a manifestação tinha cunho político, não queríamos misturar diretamente nossa iniciativa (Mikro FM) com uma manifestação política. Participamos com o nome/rubrica 1984 (Heiko Thierl, Mikro FM).

Muitos dos participantes desses grupos/dessas iniciativas perceberam, nos últimos anos, que têm sozinhos uma capacidade limitada de atuação.

Alguns admitem que só seriam capazes de produzir no máximo dez a vinte horas de programação semanais. Esse é o caso precisamente da Rádio Friedrichshain, cujos programas são produzidos por um grupo de seis a dez pessoas, não dispondo de uma redação: a escolha dos temas e o planejamento dos programas são feitos através de um fórum na internet. Quem sugere uma pauta de programa deve também se responsabilizar por sua produção. Entre as pessoas que compõem o grupo atualmente, apenas duas possuem alguma experiência anterior com a produção de programas radiofônicos.

Os programas de rádio (a "Radio F-Hain", às quintas-feiras, e "Hallo, Taxi", às sextas) são produzidos em um estúdio – Studio Ansage – no distrito de Friedrichshain e transmitidos através do Canal Aberto de Berlim. No estúdio, além da gravação e da transmissão dos programas, são feitas também gravações de CDs para os músicos do distrito e da cidade. É um local de encontro, que se originou nos anos 1990, a partir da ocupação do edifício pelos moradores, que, atualmente, dispõem da propriedade coletiva do imóvel, administrando eles próprios seu espaço de trabalho e moradia:

> É, portanto, além de estúdio, um local de convívio social desse edifício, na Rua Kreutzigerstrasse 23. Compramos o edifício em 1996 dos herdeiros dos judeus dos quais o prédio foi tomado durante a Segunda Guerra (Andreas Baier, Studio Ansage/Rádio Friedrichshain).

Quem faz rádio livre em Berlim provém, em geral, de uma cena "dita de esquerda", "podem ser os sem-teto que ocupam casas/prédios, podem ser de movimentos feministas, ecologistas, do movimento gay..." (Jens Gröger, Pi-Radio). Músicos que não participam do *mainstream* estão também engajados nesses grupos e iniciativas de rádio, originando programas para gêneros específicos, que em geral não são veiculados em rádios comerciais, como o black-metal e a música punk. Muitos acreditam que o fato de essas iniciativas funcionarem com o investimento de trabalho voluntário, não remunerado, garante um dos valores mais fundamentais para uma rádio livre: sua autenticidade.

Com a queda do muro de Berlim, nos anos 1990, muitos dos participantes dessas iniciativas chegaram à cidade, vindos de toda a Alemanha e atraídos pelo clima de liberdade reinante na cidade reunificada. E isso foi criando, de certo modo, uma "tradição" de fazer rádio pirata em Berlim, segundo Kyra Mozawietz (Rádio Piloten/Bundesverband Freier Radios). Para Mozawietz, "as pessoas se conhecem e se articulam de modo informal. É claro que não é algo oficial, são ativistas que compartilham uma rede informal de contatos". Essa "tradição" de fazer rádio pirata na capital alemã é destacada no depoimento de Jens Gröger:

> Pi-Radio começou como uma emissora pirata, no bairro de Prenzlauer Berg, quando aqui ainda era DDR, antes da queda do muro, quando o governo da DDR entrou em decadência. Entre a queda do muro e a reunificação da Alemanha, um tempo aproximado de um ano, não havia muita atuação da polícia na cidade, e por isso a Pi-Radio podia transmitir livremente a partir de uma casa na Schönhäuser Alle, até a reunificação, quando a Telecom assumiu também o controle das transmissões no lado oriental e confiscou o transmissor da rádio. Mesmo assim, a rádio em Prenzlauer Berg continuou a transmitir como rádio pirata. Então, percebemos pessoas rodeando o prédio em cujo telhado estava instalado o transmissor, com aparelhos medidores nas mãos, é claro que isso tudo tem um certo sabor de aventura, mas na prática não se consegue fazer isso por mais de vinte minutos, até que a central de controle localize a transmissão pirata e os fiscais se dirijam até o local e confisquem o transmissor.

Mas é o próprio Gröger quem afirma que existiria atualmente muita frustração entre aqueles que querem fazer rádio não comercial em Berlim. A iniciativa Pi-Radio começou com trinta participantes, com muita vontade e disposição para produzir rádio, investindo seu tempo inclusive para buscar o apoio político em prol de uma frequência para as rádios livres em Berlim e para organizar campanhas públicas com esse objetivo. Com o tempo, renunciaram às transmissões de rádio pirata, mudando o foco para a organização de cursos e *workshops*, transmitindo eventualmente junto com outras iniciativas no evento Funkwelle.

Hoje, para as rádios não comerciais que migraram para a internet (ou que já nasceram como *webradios*), como as Rádios Multiculti e Jojo, as dificuldades são imensas. Ao migrar para a internet, a Rádio Multiculti, além de perder uma boa parte de seu público, perdeu também muitos dos antigos colaboradores. A coordenadora da Rádio Multiculti lembra que apenas quatro pessoas continuaram tocando o projeto, quando a emissora não dispunha mais de uma frequência para transmitir sua programação. Antes de perder a frequência, a rádio contava com mais de uma centena de colaboradores que acabaram por buscar outros empregos com o fechamento da rádio: "Em 1 de janeiro de 2009, cinco minutos depois que a rádio saiu do ar, nós já estávamos transmitindo ao vivo pela internet e, em quatro, cinco semanas, já éramos 24 pessoas trabalhando de novo na rádio" (Brigitta Gabrin, Rádio Multiculti 2.0).

São essas pessoas que se reúnem uma vez por semana no estúdio da emissora, localizado na rua Grossgörchenstrasse, na fronteira entre os distritos de Kreuzberg e Schönenberg, para decidir a pauta da revista diária, transmitida pela internet entre 12h e 14h, e planejar os conteúdos veiculados no restante da programação. Por ser muito pequeno, o espaço não é suficiente para abrigar de modo mais permanente as diferentes redações dos programas. Grande parte dos colaboradores trabalha em casa e só vai ao estúdio no momento da transmissão ou em reuniões organizadas pelas diferentes redações a cada 15 dias. O núcleo central de colaboradores possui, em sua maioria, formação de jornalista, e alguns, mais jovens, foram estagiários na antiga Rádio Multiculti. No momento, a rádio busca formas de financiamento para estabilizar esse grupo de colaboradores através de vínculo empregatício, já que a percepção é de que é mais fácil para aquelas pessoas que possuem outro emprego colaborar de modo eventual com a rádio, originando por vezes uma flutuação muito grande do número de participantes da iniciativa.

Como tem sua programação voltada para o público infanto-juvenil, a Rádio Jojo é parceira de muitas escolas e centros de formação, trabalhando com os professores dessas instituições em distritos como Reinickendorf, Prenzlauer Berg, Wedding e Mitte. Mas a flutuação de pessoal é também um dos problemas atuais da emissora. Grande parte dos colaboradores é paga através de programas oficiais, com verbas públicas de combate ao desemprego. Para Thomas Röhlinger, coordenador da rádio, isso caracteriza uma situação

> meio absurda, mas funciona para nós como uma solução de emergência. Nós ganhamos agora um prêmio da Unicef em Nova York por conta de nossa página na internet. Essa página foi produzida por pessoas que

> estavam desempregadas antes de vir trabalhar na Rádio Jojo. Isso significa que a economia de mercado não tem se revelado capaz de integrar essas pessoas no mercado de trabalho. E de alguma forma mostramos que essas pessoas são capazes de realizar bons trabalhos, migrantes, pessoas idosas, o que torna difícil o trabalho é uma grande flutuação e estamos discutindo agora um projeto piloto que permita a essas pessoas trabalharem por mais tempo na rádio.

Outros grupos, como o Freies Sender Neukölln e o Streetgriot, que veiculam produções de vídeo na internet, também sofrem com a flutuação no time de colaboradores e com o número reduzido de participantes. Mathias Merkle afirma que são ele e Antja Merkle os responsáveis pela organização dos trabalhos, constituindo uma espécie de núcleo duro da iniciativa Freies Sender Neukölln: "trabalhamos há muito tempo com as mesmas pessoas. Nós somos uma espécie de coligação. No final das contas, um coletivo sem vínculos muito fortes".

As filmagens são realizadas em sua maior parte nos distritos de Neukölln e Kreuzberg e a maioria dos envolvidos tem dupla jornada de trabalho, se ocupando também das atividades relacionadas com o bar que sedia o grupo, como garçons ou na cozinha do estabelecimento. Nos dias de folga se encontram no próprio bar para desenvolverem em conjunto ideias para os novos programas e planejar sua produção. Entre os participantes há aqueles que são responsáveis pelo trabalho com câmera, outros pela gravação de som, outros ainda pela interpretação dos diferentes papéis nas séries e programas veiculados na internet.

Julia Eskner explica que a iniciativa Streetgriot é de fato muito pequena, já que, atualmente, há apenas três pessoas envolvidas, como trabalhadores autônomos, nos projetos desenvolvidos em escolas de Neukölln:

> Street é rua e griot significa um contador de histórias na África. Eles contavam lendas e também as novidades para os habitantes de vilas e pequenas cidades africanas. Nós queríamos fazer vídeos com essa perspectiva, que os jovens de Neukölln contassem suas histórias em vídeo. Eu comecei a trabalhar há nove anos com jovens em Kreuzberg, sem ter uma formação profissional específica para isso. Eu morava em Kreuzberg na época e por isso

comecei ali o trabalho. Durante dois anos e meio eu trabalhei sozinha, aí fui para Chicago e na volta, em 2006, consegui um primeiro financiamento, e comecei a trabalhar com um técnico de mídia. Antes eu trabalhava em outra organização, que também desenvolvia projetos em Neukõln. E assim acabei conhecendo outras organizações que também trabalhavam no distrito, formando ali uma rede de contatos e relações. Também encontramos uma casa para o projeto e tinha contatos com professores das escolas localizadas no distrito.

Além de se basear no trabalho voluntário de pequenos grupos de colaboradores, essas iniciativas têm dificuldade para manter uma sede em funcionamento, algo recorrente no depoimento dos entrevistados. A Bootlab, um grupo voltado para o desenvolvimento de técnicas e tecnologias relacionadas ao rádio e à internet, dispunha de uma sede na rua Ziegelstrasse e depois se mudou para o prédio do Tacheles, ambos localizados no distrito de Mitte: "Bootlab e Mikro FM realizaram alguns trabalhos juntos. Durante a Semana de Rádio da Mikro FM, Bootlab disponibilizou seu espaço, toda sua infraestrutura, técnica de internet, aparelhos e microfones" (Johannes Willms, Bootlab).

Mas o Tacheles, centro cultural com teatro, cinema, ateliês, galerias, bares e discoteca, também corre o risco de desaparecer se os atuais ocupantes não comprarem o prédio e o terreno onde está localizado, avaliados em 3,5 milhões de euros. O banco, para o qual o prédio foi hipotecado, tem outros planos para o local: um hotel de "eventos" e de entretenimento, aproveitando-se da boa reputação da marca "Tacheles", hoje uma atração turística de Berlim.

> Temos muito a fazer com o lançamento de uma campanha para recolher fundos para comprar o prédio do Tacheles. Precisamos de 3 milhões e meio de euros. No meio de uma crise financeira é no mínimo uma quantia interessante, não acha? O proprietário do prédio do Tacheles se tornou insolvente e o edifício foi hipotecado, agora precisamos pagar essa quantia ao banco. Isso tem que ser resolvido nos próximos seis meses, precisamos juntar essa quantia nos próximos seis meses, mas não estamos certos que vamos conseguir e pode ser que fracassemos se a crise econômica piorar (Martin Reiter, Tacheles).

No início dos anos 1990, o Tacheles era um prédio em ruínas igual a tantos outros que existiam na época no distrito de Mitte, no centro de Berlim. Após todo o processo de valorização e substituição de população ocorrido na área, apenas o Tacheles permaneceu ali como um testemunho de uma época, "como um quadro, uma imagem, em um contexto europeu pequeno-burguês", segundo Reiter, uma espécie de gestor privilegiado e porta-voz dos artistas que ocupam atualmente o espaço.

Como contraponto a estas dificuldades, o Alex – Canal Aberto de Berlim dispõe de uma sede no distrito de Wedding com uma boa infraestrutura técnica, colaboradores assalariados e um bom número de estagiários:

> Além de 13 colaboradores com emprego fixo, temos mais 9 colegas estagiários, pessoas que trabalham nos projetos, que estão aqui com contrato com tempo determinado, para realizar projetos específicos. Existem colegas que são estudantes e também realizam estágios. O interessante é que esses colegas estão experimentando coisas, isso mostra que somos um lugar onde se pode experimentar. Em emissoras convencionais é difícil encontrar esse espaço para experimentação. Nossos três designers são estudantes, estagiários. E isso é uma coisa especial, uma emissora que não trabalha apenas com profissionais formados, mas também com pessoas que ainda estão sendo formadas, dando-lhes a oportunidade de se exercitar profissionalmente (Anneke Plass, Offener Kanal).

Como local de experimentação para muitas iniciativas de rádio e televisão em Berlim, a emissora disponibiliza infraestrutura técnica para a atuação de grupos em distritos como Neuköln, Wedding e Kreuzberg: "nós montamos, por exemplo, um cenário em um bar em Kreuzberg para o programa TV Noir, que ganhou mais público e maior atenção na cidade. E o público sabe agora o horário e o dia exatos de TV Noir em nossa programação" (Anneke Plass, Offener Kanal).

Berlim como espaço de representação

Ao se localizarem na cidade, esses grupos constroem trajetórias específicas, muitas vezes conflitantes entre si. Alguns veem Berlim como o "lugar do narcisismo" – "Meu grupo é o melhor" –, ao colocarem esses conflitos como um empecilho para a construção de uma estratégia comum de ação na cidade. Como espaço de representação, Berlim se oferece a essas iniciativas como uma grande cidade, constituída de pequenas "aldeias". Seus habitantes seriam, de acordo com isso, "moradores de aldeias", mais ligados ao distrito e aos bairros onde moram que à cidade como uma totalidade. O caráter local dessas iniciativas e o fato de muitas vezes concorrerem entre si seriam, portanto, consequências do "bairrismo" reinante em Berlim.

A "diversidade cultural" da cidade e de seus distritos acaba por se tornar em certos casos um problema, pois na visão de alguns grupos o espaço urbano está totalmente fragmentado em "pequenas aldeias". Para essas iniciativas, os distritos e a cidade são, na verdade, conjuntos de "pequenas" cidades que não se comunicam ou que apresentam dificuldades para se comunicar entre si. Em Neukölln, por exemplo, os turcos não se constituem como uma "comunidade única". Eles são grupos muito diferentes, com os mais diversos interesses – os mais integrados, aqueles considerados de "direita" ou de "esquerda", os mulçumanos, os ateus –, o idioma comum é o alemão *standard*, a única forma de comunicação e articulação possível entre todos os habitantes do distrito.

E é claro que, para aqueles que trabalham pela democratização dos meios de comunicação na cidade, esse é também um desafio de articulação de diferentes formas de conhecimento no cotidiano de Berlim e de seus distritos:

> O conhecimento já está presente na cidade, mesmo em Neukölln onde há tantas formas diferentes de conhecimento! Onde existem tantas aldeias e comunidades. Queremos reunir esse conhecimento, torná-lo acessível a outras pessoas (Frieder Bronner, Open Media).

Há aqueles que rotulam Berlim de capital do narcisismo, "uma espécie de narcisismo de grupos", para quem esse é o maior problema para as iniciativas que se apropriam dos meios de comunicação na cidade. É uma cena restrita e pouco numerosa, uma cena dita "de esquerda alternativa ou radical", que inclui também aqueles que acham que essa cena deveria se unir e parar de brigar:

> Eles acreditam que podem se dar ao luxo de disputar uns com os outros. Mas alguns deles são ou foram muito ativos, alguns estão retomando agora

atividades, fazendo rádio pirata, por exemplo na manifestação "Tempelhof für Alle" (Tempelhof para todos) (Johannes Willms, Bootlab).

Todos aqui pensam que seu grupo, sua iniciativa, é melhor que os outros grupos, que as outras iniciativas, pensam que seu trabalho é mais importante que o trabalho dos outros. E Berlim não é exatamente Neukõln, uma cidade com muitas aldeias, mas uma grande cidade com muitas aldeias. Para mim são pessoas com cabeça provinciana, de aldeia (Frieder Bronner, Open Media).

Por outro lado, a diversidade dessas iniciativas fez surgir também uma série de desconfianças entre esses grupos, que impede que esses grupos trabalhem juntos. Uma coisa do tipo, ah, eles fazem assim? Nós vamos fazer de outro jeito! (Winnie Medina, Rádio Onda).

Foto: Marcelo Sousa Brito

Praça no distrito de Neukõln, Berlim.

É, portanto, recorrente a ideia, entre grupos e iniciativas pesquisados, de que a não existência de uma rádio livre em Berlim não se deve apenas às questões políticas e de legislação em Brandemburgo ou a problemas legais e jurídicos junto à MABB, mas também às disputas entre os grupos que compõem a cena alternativa de rádio na cidade. Há quem acredite que, mesmo com a disponibilização de uma frequência sem custos para uma rádio livre em Berlim, seria difícil a viabilização de uma emissora assim na capital alemã, pois as disputas impossibilitariam o trabalho contínuo em um projeto comum:

> são poucas as pessoas que investem muito tempo e energia nestes projetos. Não existe um número suficiente de pessoas dispostas a investir energia de modo continuado em um projeto assim, e acho que por isso não existe uma rádio livre na cidade (Stefan Zimmer, Mikro FM/Rádio Kampagne).

Frente às dificuldades, os grupos ou se voltam para o universo dos bairros e distritos ou, ao contrário, buscando extrapolar os limites da cidade, se abrem mais para o exterior, aproveitando-se das facilidades proporcionadas pela internet:

> Se você olhar nossos arquivos vai ficar admirado com a quantidade de informações que temos, que conseguimos reunir nos últimos anos, sobre o distrito, o bairro, não creio que você possa encontrar isso em qualquer outro lugar. O bairro é um pouco menor que o distrito, o "nosso" bairro aqui é conhecido como "Südkiez", mais em cima há outro bairro, o "Samaritenkiez". Nosso bairro também é conhecido como "Boxhagenerkiez". Existe também outro bairro em torno do Rudolphplatz... Mas nós também relatamos coisas que se passam em outros distritos, como no Mitte ou em Kreuzberg. Existem, inclusive, outras iniciativas relacionadas com rádio em Friedrichshain, nós somos, é verdade, os únicos que transmitimos ao vivo nossos programas, mas em um bairro próximo ao nosso, conhecido como Wood-Kiez, existe uma *webradio* chamada Rádio Strahlau, feita por um grupo de senhores mais velhos, Strahlau é uma península em Friedrichshain (Andreas Baier, Studio Ansage/Rádio Friedrichshain).

> Se você está em Stuttgart ou em Kiel, você se irrita com a quantidade de programas sobre Berlim. E se só tratássemos de Wedding também irritaríamos nossos ouvintes. E essa concepção nos custa muita energia, por exemplo, para explicá-la aos redatores dos programas. Também com as crianças, para evitar que sempre queiram trabalhar com temas estritamente locais. Para desenvolver nosso trabalho tivemos que ampliar as perspectivas junto às crianças, aos professores e às pessoas que trabalham na rádio (Thomas Röhlinger, Rádio Jojo).

O "voltar-se para dentro" justifica-se muitas vezes pelo caráter plural e diverso dos distritos e bairros em Berlim. Friedrichshain, mesmo com o *boom* imobiliário dos últimos anos, com os novos investimentos imobiliários no distrito voltados para a construção de apartamentos de luxo, em especial às margens do rio Spree, ainda é considerado uma área alternativa e barata da cidade, um lugar de moradia preferido por famílias de jovens. O distrito permanece, portanto, como um lugar de convergência para uma "cena alternativa local", com muitos clubes e discotecas que atraem, inclusive, jovens de outros bairros e distritos da cidade.

Foto: Angelo Serpa

Friedrichshain, Berlim: lugar de convergência para uma "cena alternativa local".

Em relação à valorização imobiliária, depois da legalização de grande parte dos prédios ocupados nos anos 1990, surgiram muitas situações diferentes, com o incremento do número de proprietários de imóveis no distrito em relação àqueles que moram de aluguel. Por outro lado, persistem os imóveis nos quais a propriedade e a administração do edifício são coletivas, o que garantiu a permanência dos antigos ocupantes e a vitalidade da cena dita alternativa e de esquerda em Friedrichshain.

O "voltar-se para dentro" também pode gerar uma apropriação dos meios de comunicação muito localizada, que algumas dessas iniciativas buscam evitar, criticando o "localismo" dos conteúdos veiculados e o "bairrismo" reinante entre os grupos. Perguntado se a Rádio Multiculti compartilharia dos mesmos objetivos que a Rádio Jojo, Thomas Röhlinger reconhece que sim, mas faz uma ressalva contundente:

> eles têm um problema de "localismo" que considero um erro estratégico! Eles só se interessam por imigrantes em Berlim, e eu acho isso muito pequeno! Nós tentamos fazer nosso trabalho de forma diferente. Sabemos que existe gente do mundo todo em Berlim, mas tentamos fazer de outra forma.

Em suma, em Berlim a cena política e cultural alternativa está espalhada pela cidade, de forma fragmentada. Em cidades menores, a situação é diferente, pois os agentes e grupos dessa cena dita alternativa mantêm vínculos estreitos, enquanto em Berlim, na opinião da maior parte de nossos entrevistados, essas iniciativas têm horizontes muito estreitos e apresentam dificuldades para consolidar um trabalho mais articulado:

> Os grupos querem delimitar muito bem seus espaços, suas áreas de atuação, se há um grupo que se dedica a assuntos da América Latina, então esse grupo quer se "distinguir" de outros que se dedicam à mesma temática. Não querem trabalhar juntos, pois pensam que assim a iniciativa tomaria proporções muito amplas, uma situação mais difícil de administrar. A cena alternativa em Berlim é, portanto, muito fragmentada, e para fazer funcionar uma rádio livre seria necessário juntar todas essas pessoas e grupos. E em Berlim, em todos esses projetos, Mikro FM, Rádio Kampagne, Rádio 1984, todos querem imprimir sua marca, seu nome, ninguém quer se integrar às iniciativas já existentes (Jens Gröger, Pi-Radio).

Controle social, regulação e conflito

Mas há também conflitos relacionados com a atuação dos órgãos reguladores dos meios de comunicação, e, por isso, muitas iniciativas radiofônicas foram, nos últimos anos, gradativamente migrando para o universo virtual da internet. Hoje, não há nenhuma rádio independente – sem fins comerciais – com uma antena de transmissão na cidade, o que exige desses grupos ações comuns para interceder junto à agência reguladora regional – a MABB, que regulamenta a distribuição de frequências de rádio e televisão não só em Berlim, mas também no estado de Brandemburgo. Além disso, a MABB é responsável pela programação do Canal Aberto de Berlim (Alex), no qual alguns desses grupos e iniciativas produzem conteúdos para o rádio ou para a televisão.

A MABB é o órgão responsável pelas transmissões analógicas e digitais em Berlim e Brandemburgo, pela fiscalização de conteúdos de propaganda (proteção dos direitos das crianças e dos adolescentes, por exemplo), por projetos voltados para aumentar e fomentar a competência midiática da população e também pela distribuição de novas frequências de rádio e televisão. Essas frequências são distribuídas e autorizadas pelo órgão a partir de critérios específicos, relacionados, sobretudo, com os conteúdos dos programas veiculados e a existência de uma redação local:

> Examinamos com atenção os programas propostos, para que tipo de público eles foram pensados. E comparamos com os programas das emissoras existentes. Perguntamos sempre o que não existe ainda em Berlim? Por exemplo, em Berlim ainda não existe uma rádio que transmita música popular alemã. Por outro lado, os candidatos às frequências podem até ter uma atuação suprarregional, mas é necessária uma redação local. E como a programação dessa nova emissora pode enriquecer a paisagem radiofônica ou televisiva da cidade? Não liberaríamos nesse momento uma frequência para uma rádio que proponha programas do tipo "As dez ou as cem mais tocadas", já temos uma grande quantidade de programas assim! Em emissoras como Rádio Energy ou Rádio RTL. Quando uma frequência é disponibilizada, os candidatos apresentam suas propostas, que são então discutidas pelo Conselho da MABB, que decide a questão (Anka Heinze, MABB).

O conflito, que coloca frente a frente o órgão regulador regional e os grupos e iniciativas de rádio na cidade, se expressa por campanhas visando à sensibilização dos políticos, tanto em Berlim, como em Brandemburgo, já que a legislação atual, comum aos dois estados no campo das comunicações, não prevê a existência de emissoras não comerciais de rádio. A luta é pelo compromisso dos políticos com a mudança das leis, de modo a contemplar a disponibilização de uma frequência para emissoras sem fins lucrativos nos dois estados.

Em Brandemburgo não há também um canal aberto de televisão/rádio como o de Berlim. Os grupos e iniciativas de rádio esperam que, com a alteração das leis, abra-se a possibilidade de existência de um canal aberto de televisão/rádio ou uma rádio livre em Potsdam (capital de Brandemburgo):

> Isso se os políticos aceitarem a ideia de meios de comunicação não comerciais, com acesso livre para os cidadãos. Se mudarem as leis em Brandemburgo, poderemos então finalmente solicitar também uma frequência para uma rádio livre em Berlim (Stefan Tenner, Rádio Corax/Rádio Kampagne).

A forma como as frequências de rádio são distribuídas pelas instituições governamentais é, em geral, criticada pelos grupos e iniciativas analisados, pois, segundo eles, os grandes conglomerados de comunicação são priorizados, em detrimento de grupos que pretendam desenvolver projetos experimentais de rádio. Alguns acham, inclusive, que a questão da concessão de frequências para emissoras sem fins comerciais não é prioridade entre os políticos, mesmo entre aqueles tidos como "mais progressistas":

> Participei da Rádio Kampagne (uma campanha para uma rádio livre em Berlim) nos anos de 2000 e 2001, e a sensação é a de que os obstáculos eram imensos, argumentos de que em Berlim não há uma moldura legal para a existência de uma rádio livre. Parece/ia não haver interesse político em discutir o assunto (Winnie Medina, Rádio Onda).

Com as dificuldades legais, resta a opção pela transmissão de conteúdos no Canal Aberto de Berlim (Alex), financiado pelo poder público e sob a tutela da MABB. Criado como um projeto piloto na Alemanha, a emissora busca estimular as iniciativas populares de rádio e televisão na cidade. A direção do Canal Aberto de Berlim está subordinada às decisões do conselho da MABB, o Medienrat, um grêmio que decide sobre o futuro da emissora:

> O diretor do Canal Aberto, o sr. Bach, toma as decisões relativas ao cotidiano da emissora, mas em relação às grandes estratégias, ele precisa conversar com o diretor da MABB. Nós, que trabalhamos no Canal Aberto de Berlim, estamos aqui para aconselhá-lo, subsidiá-lo com informações (Anneke Plass, Offener Kanal).

E é justamente a influência e a tutela da MABB sobre o Canal Aberto de Berlim e a questão da concessão de frequências o fundamento principal das críticas dos grupos e iniciativas de rádio na cidade, que, sob essa ótica, colocam sob suspeita a atuação do órgão regulador regional, tida como pouco transparente e pautada por uma postura ambivalente:

> Na Alemanha existiram rádios piratas nos anos 1980, que de alguma forma eram "toleradas" pelos social-democratas, que buscaram estimular o surgimento de uma mídia sem fins comerciais. Foi daí que surgiu a ideia dos canais abertos de rádio e televisão. E o financiamento público para a instalação de cabos. Toda a Alemanha recebeu essa infraestrutura de cabos. Então veio o questionamento de que tipo de programação seria transmitida através dessa infraestrutura instalada de cabos. Foi aí então que se consolidou a influência da MABB. A constituição alemã diz que a regulação dos meios de comunicação não pode ser estatal, essa regulação deve ser "independente", daí a necessidade de um grêmio, de um conselho como a MABB, que foi criada com pessoas "independentes" dos poderes públicos, dos órgãos públicos. A estrutura da MABB é composta por cerca de dez funcionários e um júri, um grêmio, que se reúne de dois em dois meses, e é composto por pessoas que vieram da política ou do poder judiciário, pessoas aposentadas, figuras por assim dizer muito "ambivalentes". São os funcionários da MABB que recebem toda a documentação antes dessas reuniões bimestrais. E é claro que eles têm um grande poder de manipulação sobre esse júri (Johannes Willms, Bootlab).

Como fomentar a "competência midiática" entre os cidadãos?

Portanto, a legislação atual, em vigor na região de Berlim-Brandemburgo, não permite a existência de uma rádio não comercial, o que requer uma articulação política para formulação de novas leis que viabilizem a distribuição de frequências de rádio para emissoras sem fins lucrativos. Segundo a MABB, o mais importante é viabilizar mais "competência" midiática entre os cidadãos. Sob essa perspectiva, a concessão de frequências para grupos e iniciativas que já dispõem de domínio da técnica e de experiência continuada com a produção de conteúdos para o rádio, a internet e a televisão, não permitiria a ampliação dessa competência específica entre "não iniciados".

No campo do fomento à "competência midiática", a MABB não só realiza, mas também apoia e financia projetos. O projeto Schulradio-Network (Rede de Rádios Escolares) começou em 2002, com a ideia de conectar em rede as rádios feitas por alunos de escolas públicas através da internet. Essas rádios funcionam apenas nos intervalos das aulas, através de alto-falantes distribuídos nos pátios das escolas. O projeto é financiado com a totalidade dos recursos necessários, através de uma parceria entre a MABB e a RBB, através da Jugendradio (Rádio Jovem). Os alunos das escolas participam da programação veiculando programas curtos. As escolas demandam também *workshops*, e apoio técnico, no tocante à produção de programas de rádio, às técnicas de transmissão, à produção de *jingles* etc. Uma vez por mês os alunos dos *workshops* podem também participar de gravações no estúdio da Rádio Fritz, em Potsdam. Os jovens têm entre 16 e 18 anos, a maioria cursando o segundo grau (Gymnasium):

> Nós fazemos também esses *workshops* no período de férias escolares. Agora no verão vamos ter algo especial, vamos receber alunos de escolas francesas, que vão produzir programas na Rádio Fritz junto com os alunos alemães e alguns deles vão depois para a França, produzir programas junto com os alunos franceses. Com esse trabalho nas escolas queremos sensibilizar os jovens para questões como: o que é mídia? O que é rádio? Ou para as diferenças entre emissoras públicas e privadas, ou para o aprendizado de como produzir programas para o rádio ou ainda como expressar e negociar suas opiniões (Anka Heinze, MABB).

Fomentar a competência dos jovens em relação à mídia é também um dos objetivos principais da atuação de algumas iniciativas na cidade, como a Streetgriot. Porém, de acordo com sua coordenadora, não se quer que os jovens aprendam somente a técnica, mas que o trabalho também proporcione prazer aos jovens envolvidos, o que se constitui sempre em um desafio. Na verdade, "a ideia de fazer vídeo é que dá prazer de fato. A fase de filmagens dá prazer, mas refletir sobre os conteúdos, fazer a edição etc. não são coisas prazerosas para a maioria dos jovens com quem trabalhamos" (Julia Eksner, Streetgriot).

No Canal Aberto de Berlim (Alex), o desafio é proporcionar uma melhor formação a seus usuários, aos produtores de programas de rádio e televisão. Com o recente processo de reestruturação, isso passou a ser prioridade para a emissora, a partir da organização de cursos básicos introdutórios para os novos usuários. A ideia é ampliar essa oferta também para cursos de reciclagem, que serão oferecidos para os produtores/usuários que transmitem há mais tempo na emissora:

> Na verdade, o difícil é encontrar um modo de receber os novos usuários, que tipo de pré-condições os produtores dos novos programas devem preencher. Temos tentado isso com os cursos introdutórios, muitas vezes com instrutores externos que fizeram estágio no Canal Aberto, isso é um primeiro passo para formar novos produtores de programas, não é obrigatório, mas precisamos oferecer essa possibilidade, se esperamos melhorar a qualidade de nossa programação. A partir de setembro vamos começar também a oferecer cursos para os produtores/usuários que estão aqui há mais tempo, que talvez tenham necessidade de formação em campos específicos (Jana Schudrowitz, Offener Kanal).
>
> Tentamos sempre perceber, em relação aos novos usuários/produtores, que tipo de experiência tiveram em sua trajetória. Para alguém com muita experiência em rádio, por exemplo, são suficientes algumas indicações práticas de funcionamento do estúdio de gravação. Mas existem também pessoas que nunca estiveram em um estúdio! E para essas pessoas recomendamos fortemente nossos cursos nos campos da técnica e da produção de rádio (Anneke Plass, Offener Kanal).

Para a MABB, gestora do Canal Aberto de Berlim, o aumento da competência midiática passa também pela formação profissional, com o apoio de uma escola, a Schule für elektronische Medien (Escola de mídias eletrônicas). A escola é financiada com recursos da MABB, também em parceria com a RBB. Após 18 meses de formação, nos três campos da mídia, televisão, rádio e internet, os estudantes estão aptos a exercer a profissão de jornalista. A escola não trabalha, entretanto, com um quadro fixo de professores, mas com pessoal docente com contrato temporário, a depender das necessidades e das temáticas dos cursos: "São profissionais com experiência prática, de emissoras como a RBB; são eles os responsáveis pela organização da escola, e existe também um diretor e um responsável pelos estágios" (Anka Heinze, MABB).

Entre as iniciativas de rádio da cidade, a suspeita é de que a MABB pretende não disponibilizar mais frequências temporárias para transmissão com tempo determinado (de alguns dias até três meses), como forma de inviabilizar sua atuação e de forçar esses grupos a transmitir no Canal Aberto de Berlim. Reunidos em uma nova campanha (a Rádio Piloten), os grupos tentam pressionar o órgão regulador para manter essa possibilidade de transmissão. A verdade é que o assunto vem sendo debatido pela MABB, que nega, porém, uma decisão definitiva a respeito:

> Isso precisa ainda ser decidido pelo conselho da MABB. Se vamos disponibilizar a frequência 88,4 para uma emissora comercial de rádio, ou para transmissões de eventos (Veranstaltungsradio) ou mesmo para transmissões de rádio do Canal Aberto de Berlim. Ou, ainda, que a frequência possa ser dividida entre o Canal Aberto e essas iniciativas (Anka Heinze, MABB).

O Canal Aberto de rádio e televisão: tentativa de domesticação?

Em 2009, a MABB investiu esforços para a reestruturação do Canal Aberto de Berlim, empreendendo mudanças na grade de programação de rádio e televisão, contratação de novos profissionais e reformulação da identidade visual da emissora. No momento, essa é a única possibilidade "oficial" para transmissão de conteúdos audiovisuais para esses grupos e iniciativas com atuação na capital alemã. No entanto, muitos deles se recusam a participar do Canal Aberto, preferindo transmitir conteúdos de rádio e vídeo no universo virtual da internet. Alguns insistem na necessidade de uma frequência para uma rádio independente e sem fins lucrativos com mais autonomia de atuação e sem as ingerências políticas da MABB. Sob essa ótica, o Canal Aberto seria uma tentativa de "domesticação" de grupos e iniciativas envolvidos nesses processos por parte da agência reguladora.

A existência do Canal Aberto em Berlim tem sido sempre o argumento das instâncias político-administrativas para a ausência de necessidade de uma rádio livre na cidade. Para as iniciativas pesquisadas, no entanto, isso demonstra o desconhecimento do que seria uma rádio independente, sem fins comerciais. Uma rádio assim deveria dispor de uma redação própria, na qual fosse possível a construção e o fortalecimento de contatos e relações entre os participantes, um ambiente que favorecesse a discussão permanente dos conteúdos da programação e a incorporação de novos interessados "em fazer rádio". A queixa mais comum em relação ao Canal Aberto por parte desses grupos é a ausência de uma grade de programação coerente e a inconstância de dias e horários para a veiculação dos programas, além da centralização das decisões sobre o que deve ou não ser veiculado na emissora: "Não existe uma redação que cuide disso, que pudesse fazer uma programação mais orgânica no tocante aos conteúdos veiculados" (Heiko Thierl, Mikro FM).

Alguns acreditam, no entanto, que o Canal Aberto poderia ser uma oportunidade para o fortalecimento das iniciativas de rádio em Berlim, como aconteceu em outras cidades alemãs, onde emissoras catalisaram as experiências comunitárias das rádios livres, favorecendo seu surgimento e posterior consolidação:

> Eu não pertenço àquele grupo de pessoas que desprezam o Canal Aberto, para mim é mais uma possibilidade, um meio para transmitir programas. Eu já participei em Hamburgo da produção de programas que foram transmitidos através do Canal Aberto. A história em Berlim é diferente. Aqui, o pessoal das rádios livres se distanciou do Canal Aberto. Infelizmente, nós não utilizamos toda a potencialidade de uma emissora assim em Berlim. Em Hamburgo, os grupos de esquerda se reuniram inicialmente em torno do Canal Aberto e depois fundaram a rádio livre FSK. A rádio se originou desses grupos e iniciativas de esquerda que transmitiam seus programas no Canal Aberto, que se utilizaram da infraestrutura existente ali para se constituir mais tarde enquanto uma produtora, uma sociedade anônima, que viabilizou, primeiro, a operação de um estúdio de produção de programas e, depois, um estúdio para transmissão. É mais ou menos o trabalho que o Studio Ansage e a Rádio Friedrichshain tentam fazer em Berlim, mas em Hamburgo isso agregou muitos grupos e iniciativas, que no final conseguiram obter uma frequência de rádio, aprovada pelo órgão local de regulação dos meios de comunicação. Eles começaram transmitindo três horas de programação, durante cinco dias da semana, e já há algum tempo transmitem 24 horas durante a semana inteira! Foi através do Canal Aberto que eles conseguiram consolidar uma infraestrutura própria e uma redação que conta hoje com centenas de colaboradores (Frieder Bronner, Open Media).

Alguns acreditam que transmitir programas e conteúdos no Canal Aberto fornece e reforça o argumento oficial da inexistência de necessidade e demanda para uma rádio sem fins comerciais em Berlim:

> O Canal Aberto nos ofereceu a possibilidade de transmitirmos ali, mas não queremos que nos digam depois que não precisamos de frequência, pois já transmitimos nossos programas no Canal Aberto. Queremos nossa própria frequência! (Brigitta Gabrin, Rádio Multiculti 2.0).

No Canal Aberto (Alex), todos os esforços vêm sendo empreendidos para a implantação/a consolidação do processo de reestruturação da emissora. Em 2007, o conselho da MABB aprovou a manutenção das atividades do Canal Aberto, com a condição de que se procedesse a uma reforma profunda. A reforma foi referendada pelo parlamento de Berlim em fevereiro de 2008, mas a discussão em torno dos canais abertos na Alemanha é bem mais antiga. Data do início dos anos 2000, porque os canais abertos sempre viveram uma contradição em seus objetivos, já que, por um lado, lidam com direitos do cidadão, o direito de se expressar livremente para todos, e, por outro lado, devem perseguir o reconhecimento do público, ou seja, devem ser atrativos para os ouvintes e telespectadores:

> E há uma discrepância entre a produção de conteúdos e a qualidade do que é produzido. Essa discrepância levou o parlamento à decisão de submeter o Canal Aberto de Berlim a uma avaliação profunda em 2007 pela MABB, o que finalmente levou ao processo de reforma (Steffen Meyer, Offener Kanal).

Com a reestruturação, quase duas dezenas de novos programas entraram no ar. Trinta e dois produtores/usuários, que transmitem há mais tempo seus programas no Canal Aberto de Berlim, tiveram que se adaptar às novas diretrizes da emissora de rádio e televisão, com reformulação de cenários e *design* gráfico das vinhetas, por exemplo. Anneke Plass enfatiza que não foram modificações impostas, mas conversadas com as equipes dos programas, como o "Treppe 5", uma emissão feita por jovens para a televisão: "atualmente estamos tentando nos aproximar mais dos usuários, dos produtores dos programas, tentando compreender melhor seus desejos e aspirações em relação à emissora" (Anneke Plass, Offener Kanal).

Objetivos diversos e conflitantes: do político ao cultural

No entanto, como vimos, não há consenso entre os grupos e iniciativas pesquisados sobre a participação no Canal Aberto, com veiculação de conteúdos na emissora. Alguns acham importante a cooperação, ainda que essa possibilidade não exclua a veiculação de conteúdos na internet, por exemplo. Isso mostra também a ausência de uma estratégia comum entre os grupos e iniciativas analisados, o que se reflete em objetivos muitas vezes diversos e/ou conflitantes, indo do político ao cultural, mas também em alguns casos com mais ênfase na apropriação da técnica que no controle e na autonomia/independência na/da produção de conteúdos.

Para Andreas Baier, do Studio Ansage/Rádio Friedrichshain, o Canal Aberto de Berlim representou a possibilidade de voltar a fazer rádio na cidade, com veiculação de conteúdos não necessariamente comerciais, abrindo os microfones para o bairro e o distrito onde está localizado seu estúdio: "nós ajudamos as pessoas a montar relatos para o programa de rádio, também abrimos os programas para resolver coisas do bairro e do distrito, já encontramos muitas soluções para esse tipo de problema". Já Thomas Röhlinger, da Rádio Jojo, passou a transmitir uma vez por semana um programa na emissora, após o processo de reestruturação da programação, que, no entanto, ainda parece excluir usuários interessados, como é o caso de Mathias Merkle, do Sender Freies Neuköln:

> Contatamos o Canal Aberto há uns seis meses e não tivemos resposta. É claro que sabemos que nosso trabalho é chocante para algumas pessoas, que tratamos temas difíceis em nossos vídeos, como anarquismo. Que às vezes veiculamos conteúdos que podem ser lidos como pornográficos, talvez por isso não queiram ter relações conosco! Mas, para o Canal Aberto, há coisas que poderiam interessar como aquele vídeo com duas mulheres explicando o que é capitalismo (Mathias Merkle, Sender Freies Neuköln).

No Sender Freies Neuköln os temas dos programas são discutidos previamente pelo grupo. Algumas temáticas são recorrentes, como religião e política, presentes em novelas veiculadas na internet (SWNSWMDLIDES e Anarquismo e Prostituição). Para o grupo, os conteúdos são mais importantes que a estética dos vídeos, considerados por Mathias Merkle um trabalho de cunho, sobretudo, político: "mas não pertencemos a nenhum partido, todos os partidos só pensam em crescimento econômico, mesmo a esquerda. Isso nos levou ao tema do anarquismo. Estou de fato convencido de que esse é um modelo que ainda pode ser testado".

A política também está presente na atuação da iniciativa Freifunk, embora muitos considerem a instalação de uma infraestrutura de rede na cidade de Berlim uma questão de ordem técnica. Jürgen Neumann diz que os encontros semanais do grupo no centro da cidade, na sede da C-Base, servem, sobretudo, para tratar de questões mais técnicas, pois quem participa desses encontros quer aprofundar conhecimento técnico, "mas sempre na perspectiva de tornar a técnica mais simples e acessível". No entanto, faz a ressalva de que a questão de uma infraestrutura pública de comunicação já é em si uma questão política: "Quem tem acesso à internet, onde existe internet, quão cara é essa infraestrutura, como essa infraestrutura será instalada, todas essas questões têm conteúdo político. E qualquer um que se envolva com essas questões está agindo politicamente".

Muitos veem, portanto, sua atuação não apenas como social ou cultural, mas como um trabalho político, concentrando-se em questões relacionadas à produção do conhecimento e às mudanças do sistema educacional. "Estamos querendo desenvolver novos projetos que reúnam as pessoas, os projetos que despertem sua criatividade no campo da mídia" (Frieder Bronner, Open Media). A politização do discurso e da ação dessas iniciativas tem a ver com a origem de seus representantes, que se autoclassificam, de modo geral, como pertencentes a uma "esquerda não dogmática":

> Eu venho de uma família muito politizada, de alguma maneira sou um "filho" dos movimentos sociais. Desde cedo estive em contato com movimentos e manifestações de solidariedade aqui na Alemanha. E aí comecei a trabalhar na rádio em Freiburg, ali encontrei uma estrutura na qual a participação na tomada de decisões era um fato concreto. Havia ali muitas possibilidades de se manifestar, isso era muito importante na Rádio Dreieckland, isso se tornou uma referência para mim, me acostumei com essa forma de organização. E isso afeta não só meu trabalho em rádio, mas também meu trabalho com política, a forma de me manifestar politicamente (Winnie Medina, Rádio Onda).

Medina acha que as pessoas que fazem rádio devem se interessar, sobretudo, por cultura, mas também ter alguma técnica e algum conhecimento de política. Segundo ele, em relação ao interesse pela cultura e pela política, "a coisa parecia não funcionar bem há dez anos, pois havia um preconceito contra os artistas, que, no entendimento de alguns, tinham um comportamento excessivamente hedonista", principalmente na ótica daqueles que se interessavam mais por política, que, por sua vez, "às vezes se comportavam de modo excessivamente arrogante". De certo modo, muitos dos protagonistas das iniciativas analisadas neste livro pertencem a uma assim denominada cultura *underground*, que se reflete nos conteúdos veiculados nas emissões de rádio, televisão e também na rede mundial de computadores.

E o sentido dado aqui a essa cultura *underground* é antes de tudo artístico, como explica Martin Reiter, do Tacheles, para quem *underground* não é "perigoso", é um conceito artístico, "uma gaveta onde cabem muitas coisas, mas não podemos confundir isso com ilegalidade, com o crime organizado". Ele também relativiza a ideia de uma cena de esquerda autônoma em Berlim, enfatizando o Tacheles não como um bastião da esquerda berlinense, mas como "uma tentativa de resgatar o sentido original de fazer arte, que é, a um só tempo, percepção e reflexão". O sentido de *underground* pode ser ampliado também para uma cultura de valorização das diferenças e da inclusão, como sintetiza Andreas Baier (Studio Ansage/Rádio Friedrichshain): "Uma rádio livre deve dar espaço para as minorias, para que essas subjetividades se manifestem livremente. Naturalmente, uma rádio livre está sempre ligada à transmissão de conteúdos de 'esquerda', a grupos de protesto".

E é claro que essa diversidade se reflete não só nos conteúdos veiculados nas *webradios*, mas também na programação do Canal Aberto de Berlim. Baier afirma que na Rádio Friedrichshain toca-se todos os tipos de música, de música punk a música clássica e baladas, música muitas vezes produzida por artistas do bairro ou do distrito, desenvolvendo também um trabalho de divulgação para aqueles que não têm acesso à programação das emissoras de cunho mais comercial. Esse também é o objetivo do Canal Aberto de Berlim, que busca oportunizar a veiculação de programas pouco convencionais na grade da emissora: "Existe um programa, por exemplo, das 'Strassenfeger

Radio' (às quartas, 20h), o 'Strassenfeger' é um jornal dos sem-teto, muito conhecido aqui em Berlim" (Anneke Plass, Offener Kanal).

O Canal Aberto é considerado por seus porta-vozes uma "plataforma local", principalmente no tocante à programação radiofônica, muitos programas são "sobre histórias que se passam em Berlim", como explica Anneke Plass: "isso ocorre, por exemplo, com o programa 'Strassenfeger Radio' ou ainda com o 'Hertha Echo'; o Hertha é um clube de futebol de Berlim, eles têm aqui um programa de fãs do clube e isso já há vinte anos". Ela faz questão de enfatizar que a emissora não produz diretamente os programas, que são feitos pelos produtores/usuários, principalmente da região de Berlim e Brandemburgo.

Funcionar como uma "plataforma local" de comunicação parece se constituir como uma alternativa para a maioria das iniciativas pesquisadas. Na Rádio Multiculti 2.0, a ênfase recai sobre a produção de uma revista de atualidades, a "Cult-Magazin", e o programa "Fenster zur Strasse" (Janela para a Rua):

> o programa "Cult-Magazin" é o único atualmente em nossa programação no qual podemos veicular atualidades, infelizmente ainda estamos muito mal estruturados, mas existe também outro programa, "Fenster zur Strasse", são histórias curtas contadas pelos ouvintes (Brigitta Gabrin, Rádio Multiculti 2.0).

Na Rádio Friedrichshain, o programa "Repórter do Bairro" dá vez e voz aos fatos atuais relacionados aos bairros do distrito de Friedrichshain; temáticas regionais são tratadas também na emissão "Onda Intercultural" (*Interkulturelle Welle*), com assuntos relacionados às políticas de desenvolvimento local na região de Berlim-Brandemburgo.

Thomas Röhlinger admite que os relatos veiculados na Rádio Jojo têm de fato um conteúdo local, mas também um conteúdo "global", articulando diferentes escalas geográficas em sua argumentação, para explicar a atuação da emissora que coordena em Berlim:

> Os relatos não são hiperlocalistas, um termo que ouvi recentemente em uma reunião da ONU na África do Sul. Isso é sinônimo de "olhar para o próprio umbigo". Se eu só me preocupo comigo eu vou me tornar uma pessoa

ignorante e burra. Os grandes problemas do mundo têm origem global, e por isso temos que pensar globalmente, para encontrar respostas para esses problemas. Respostas que poderão, é claro, ser traduzidas para o contexto local. Não se pode separar o local do global. Temos que falar de "glocalismo".

A enunciação de lugares e a articulação de recortes espaciais: cidade, bairro e distrito

A atuação desses grupos e iniciativas demonstra também que sua ação está vinculada, muitas vezes, a um discurso específico sobre o "lugar". Embora apareça com frequência na fala desses agentes, o recorte espacial do "distrito" (*Bezirk*) é muitas vezes substituído pelo recorte de "bairro" (*Viertel*) ou mesmo "quarteirão" (*Kiez*). O recorte de "cidade" revela uma contradição no discurso desses grupos e iniciativas sobre Berlim, como já mencionado nas seções anteriores: de um lado, a capital alemã como um conjunto de vilas e "aldeias", de outro lado, a cidade como lugar da multiculturalidade e do "encontro de culturas".

Para Jens Gröger, da Pi-Radio, transmissões radiofônicas se constituem numa possibilidade de fazer algo de modo compartilhado, de construir um local de referência, um estúdio, cuja programação pode estar direcionada para o bairro, para a vizinhança. Gröger acha que rádio e internet são diferentes, embora admita a existência de alguns portais/domínios regionais com atuação na cidade: "mas, para a maioria dessas iniciativas, a ligação com o lugar, a região, não é importante. Importante é a comunicação entre os indivíduos, independente da distância que os separam". Quando atuava em Berlim, a Pi-Radio não restringia sua transmissão somente ao distrito de Prenzlauer Berg, mas alcançava também outros distritos na cidade:

> Era uma rádio de alcance local, que sempre organizou ações piratas, algumas vezes até com transmissores mais potentes, de 100 watts, as emissões chegavam até os distritos de Kreuzberg e Friedrichshain, a partir do telhado de uma igreja, até que a polícia descobriu o local e confiscou o transmissor (Jens Gröger, Pi-Radio).

Embora tenha muito de sua atuação vinculada ao distrito de Friedrichshain e de seus bairros, a Rádio Friedrichshain não se considera, de acordo com seu coordenador, um veículo voltado apenas para as questões de cunho local. Andreas Baier enfatiza que a emissora não se interessa apenas pela transmissão ao vivo de eventos do bairro e do distrito, onde, segundo ele, há muitos músicos, gente que faz teatro, muitas atividades literárias e outros tipos de atividades culturais: "Nós não somos aqueles que correm atrás de transmissões de eventos no bairro, mas aqueles que produzem rádio no bairro, as pessoas podem entrar em contato, se for possível cobrimos o evento, se não, eles podem vir ao estúdio depois da manifestação e contar como foi".

A diversidade das culturas e das diferentes comunidades étnicas está presente no discurso da maioria dos porta-vozes dos grupos e das iniciativas, especialmente daqueles com atuação no distrito de Neukölln. Mathias Merkle, do Freies Sender Neukölln, afirma a existência de 160 nacionalidades diferentes no cotidiano dessa parte da cidade. É nesse contexto que o discurso sobre o lugar adquire ares de "cosmopolitismo", relacionando o cotidiano local com o mundo, como no depoimento de Frieder Bronner, da iniciativa Open Media, ao explicar a opção por atuar nessa parte específica da cidade:

> Estávamos convencidos de que os problemas do cotidiano de Berlim, de Neukölln, com sua incrível diversidade de população, também tinham coisas em comum com outras localidades ao redor do mundo. Cinquenta por cento dos habitantes da parte norte do distrito de Neukölln saíram ou chegaram recentemente do/ao distrito. Um em cada dois habitantes do norte de Neukölln mora no distrito há no máximo um ano, o que caracteriza uma flutuação muito alta de população. Eles podem vir de outras partes da cidade, de outras partes da Alemanha ou de países como a Turquia. De qualquer modo, é uma taxa de flutuação de população incomum no contexto alemão. E, ao mesmo tempo, a existência de tantos idiomas falados no cotidiano do distrito.

Bronner defende a ideia de que cada distrito em Berlim é também uma "cidade", inclusive Neukölln: "Se fosse de fato uma cidade, Neukölln seria uma das 25 maiores da Alemanha!". Sob essa ótica, com cerca de 300 mil habitantes, Neukölln pode ser comparado a qualquer cidade com essa magnitude de população. Segundo ele, há uma constelação de distritos muito diferentes entre si em Berlim, mesmo depois do processo de reforma, que reuniu distritos antigos em distritos novos e maiores, agregando, por exemplo, Kreuzberg e Friedrichshain: "Nós começamos o trabalho da Open Media em Neukölln e o distrito se revelou muito adequado como opção".

O distrito também se constituiu em opção para o trabalho de Julia Eskner, do Streetgriot. Ela afirma que em Neukölln a maioria dos jovens atendidos pela iniciativa é de origem turca ou árabe. Nas escolas do distrito, 50% a 60% dos jovens são de origem turca, 20% a 30% são de origem árabe, e o restante é composto por outras nacionalidades/origens: "Em Berlim existem também muitos jovens de origem polonesa, mas eles não estão nas escolas da parte norte de Neukölln, onde desenvolvemos nossos projetos. É possível que estejam mais presentes em outras partes de Berlim". A diversidade étnica de Neukölln é estendida na fala de Eskner para toda a cidade: "Eu penso que 40% dos jovens com menos de 20 anos em Berlim não são de origem alemã. Tanto faz o distrito! Por isso, nossos projetos são voltados para estes jovens descendentes de migrantes".

As muitas línguas faladas nos distritos de Berlim conferem à cidade uma aura de multiculturalismo, que se reflete no discurso da maioria dos entrevistados, como Brigitta Gabrin, da Rádio Multiculti 2.0:

> Nós temos um programa em espanhol, outros em idioma persa, albanês, eslavo, curdo, vietnamês, polonês; eu poderia fazer um programa em língua húngara, já que cresci na Romênia, mas sou metade húngara e metade alemã, eu sou o multiculturalismo em pessoa!

Também Thomas Röhlinger, da Rádio Jojo, enfatiza o caráter internacional e cosmopolita de Berlim, para ele o único lugar possível na Alemanha para desenvolver um trabalho de cunho mais "global":

> Com esse enfoque internacional, uma rádio assim só seria possível em Berlim. Eu próprio sou de Thüringen, fui embora de lá com 18 anos, ainda nos tempos da DDR. E vim para Berlim Oriental. Eu queria fazer algo social relevante e vim para cá, instintivamente achava que poderia encontrar pessoas que pensassem do mesmo modo que eu. Em cidades pequenas não há massa crítica suficiente, é esse o problema de cidades assim. Mas aqui em Berlim somos 50, 60 pessoas que trabalham na rádio. E são pessoas de pelo menos dez países diferentes! Bulgária, Rússia, Serra Leoa, Gana, Irã...

> E eu não preciso convencê-los de nada, eles trabalham na rádio por prazer. Se eu tivesse que fazer isso em Thüringen ou em Colônia, seria mais difícil, trabalharia provavelmente só com alemães, seria mais difícil ter um trabalho mais global, mais cosmopolita. Tenho colegas alemães aqui que até hoje não entendem o porquê desse enfoque mais internacional do trabalho.

O caráter multicultural e cosmopolita da metrópole berlinense é apontado por muitos de nossos entrevistados como a razão principal para seu estabelecimento na capital alemã como lugar de residência e atuação profissional:

> Eu nasci em Freiburg, mas moro há 19 anos em Berlim, onde passei o período mais longo de minha vida. Freiburg é uma cidade simpática, mas muito pequena, onde não acontece muita coisa. Eu queria viver em uma cidade grande, não gosto de Munique, por exemplo. Em Hamburgo gosto de ir às vezes, mas acho uma cidade pequena também. Queria mesmo vir morar em Berlim. Eu fazia teatro na época e Berlim oferecia muitas possibilidades. Antes de morar em Neuköln, morei em um prédio de ocupação no distrito de Mitte. Com a valorização do distrito, mudei para Kreuzberg, pois não tínhamos mais condições para morar no Mitte. Vim para Neuköln, pois achava que o distrito oferecia certa tranquilidade e também porque é um distrito de pessoas comuns, embora nos últimos tempos muitos artistas estejam vindo morar aqui também, semelhante ao que ocorreu no Mitte e em Prenzlauer Berg (Mathias Merkle, Sender Freies Neukölln).

> Eu venho da região de Karlsruhe, Stuttgart. Mas estou em Berlim desde 1980. Antes da queda do muro, cheguei em Berlim Ocidental. Eu vivi muita coisa aqui em Berlim! Uma coisa que ainda tenho que te recomendar é o Carnaval das Culturas, em maio. Esse evento é transmitido todos os anos pelo Canal Aberto e nós fazemos parte com a Rádio F-Hain. Esse ano eu não vou estar presente, mas meus colegas da rádio estarão lá, ajudando a cobrir o evento. São coisas bem familiares para você: capoeira, salsa, samba... (Andreas Baier, Studio Ansage/Rádio Friedrichshain).

A diversidade étnica e cultural da cidade é potencializada pelos turistas, que vêm buscar em Berlim justamente essa cena *underground* e alternativa, como enfatiza Martin Reiter, do Tacheles. Para ele, esta "cultura *underground*" pode ser entendida também como um clichê que ajuda Berlim, inclusive, a se vender como cidade turística: "o Tacheles é visto como um roteiro obrigatório em Berlim, atraindo turistas japoneses, latino-americanos, africanos e italianos. Mas, ao contrário, não atrai hordas de berlinenses". O Tacheles é, aliás, um ótimo exemplo de como se consolidou na cidade, no início dos anos 1990, essa cena alternativa, já que a maioria dos artistas que ocuparam o célebre edifício provinha de Berlim Oriental, "de uma geração que tinha muitas relações com artistas socialistas de outras partes do mundo, como Chile, Espanha, Argentina etc. E isso permaneceu assim até hoje" (Martin Reiter, Tacheles).

Berlim é vista também como uma cidade com grande diversidade de eventos culturais e políticos, o que justifica, segundo Anneke Plass, do Canal Aberto (Alex), a presença de uma emissora assim na paisagem midiática berlinense. Ela acha que mesmo uma grande cidade como Hamburgo, sua terra natal, não oferece tantas opções de eventos como Berlim, onde se pode ir a inúmeras festas, mesmo durante a semana. "Em geral, em outras cidades, coisas assim só ocorrem aos sábados; em Berlim, há várias festas, vários shows, todos os dias! E para a equipe que produz o *Ereignisfernsehen* (Televisão de Acontecimentos) é até difícil cobrir tantos eventos". Plass ressalta que muitas organizações políticas estão localizadas na cidade e muitos eventos contam com a presença de políticos proeminentes, que, em geral, não são transmitidos por nenhuma outra emissora de televisão. "Por isso, acredito em uma emissora como o Canal Aberto em Berlim, pois a cidade oferece todas as condições para isso. Tanto uma cena política, como uma cena artística e cultural muito ativas".

Também a geografia física da cidade é lembrada por Johannes Willms, do grupo Bootlab, como uma facilidade para a proliferação de antenas e o surgimento de uma rede descentralizada de internet, gerida pelos próprios usuários, como é o caso da iniciativa Freifunk: "Berlim tem um relevo de morros, uma morfologia que favorece isso (transmissão Freifunk), pois os morros têm mais ou menos a mesma altura e dos telhados é possível conectar as transmissões. E nós, é claro, nos aproveitamos disso!". A página Freifunk.net disponibiliza, inclusive, um mapa on-line com todas as conexões em cada bairro e distrito, "assim pode-se saber quem está conectado com quem. Mas, entrando na página, você tem que clicar em Berlim, pois existem links para várias cidades" (Stefan Tenner, Rádio Corax/Rádio Kampagne).

Com a queda do muro, a cidade atraiu, no início dos anos 1990, não só artistas e intelectuais de uma cena dita alternativa, mas também muitas pessoas que dominavam a tecnologia digital e eram capazes de programar computadores, reunidos em torno de iniciativas como o Chaos Computer Club e a C-Base. Jürgen Neumann sublinha esse fato para justificar o porquê do surgimento da iniciativa Freifunk na cidade, uma rede na qual todos os usuários tivessem os mesmos direitos de acesso, algo que acreditava ser possível através da tecnologia WLAN: "Havia também muitas empresas de informática, que atraíam programadores capazes de desenvolver novos *softwares*. Muitas dessas pessoas estavam desempregadas e dispunham de tempo para uma iniciativa assim. Era um excelente momento para iniciar uma infraestrutura de rede coletiva".

Finalmente, muitos de nossos entrevistados ressaltam o fato de Berlim ser, a um só tempo, cidade e estado, o que torna mais complexa a regulamentação dos meios de comunicação e remete os grupos e iniciativas para recortes mais abrangentes e abstratos em suas táticas de articulação, buscando abarcar, através de sua atuação, os recortes regional e nacional:

> A cidade tem, ao mesmo tempo, um governo municipal (*Rotes Haus*) e um governo estadual (*Potsdamer Platz*). Em Berlim, mesmo com um governo de esquerda, não conseguimos convencer os políticos a mudar as leis. O desafio é convencê-los de que uma rádio livre em Berlim é ainda um assunto importante e atual (Jens Gröger, Pi-Radio).

O recorte regional como estratégia de representação

O recorte regional (Berlim-Brandemburgo), como vimos na seção anterior, também está presente no discurso dos grupos e das iniciativas analisados, já que, entre outras razões, para a obtenção de uma frequência para uma rádio não comercial na cidade, é necessário negociar com os parlamentos de Berlim e Brandemburgo uma mudança da legislação em ambos os estados alemães. O objetivo é contemplar a possibilidade de existência de uma emissora de rádio sem fins comerciais com uma frequência própria, que transmita sua programação tanto para Berlim, como para Brandemburgo.

É comum na Alemanha que cada estado tenha suas próprias leis de comunicação e emissoras de rádio com características muito diferentes. Stefan Tenner, das Rádios Corax e Kampagne, explica, a título de exemplo, que pode haver um canal aberto de rádio e televisão e rádios livres ou nenhuma rádio livre, ou nem mesmo um canal aberto de rádio e televisão, como em Brandemburgo: "Existem muitas variações de estado para estado. Por isso é também difícil buscar um consenso. Aqui em Berlim, por exemplo, queremos uma rádio livre".

Em Berlim, portanto, a regulação dos meios de comunicação se dá em âmbito regional, de forma conjunta com o estado de Brandemburgo. Berlim e Brandemburgo têm, como estados, leis de comunicação específicas e leis comuns, e, no tocante às rádios livres, Brandemburgo tem leis muito diferentes de Berlim, daí a origem de uma campanha de mobilização, para que no estado vizinho as leis fossem mudadas, incluindo na legislação a possibilidade de existência de rádios não comerciais, como explica Jens Gröger, da Pi-Radio: "Através da iniciativa Rádio Kampagne, coletamos assinaturas através de abaixo-assinados, falamos com políticos de Berlim e de Brandemburgo, todos achavam ótima a ideia de uma rádio livre, mas não mudaram as leis!".

Gröger lembra também o exemplo da Rádio Multiculti, como emblemático para as dificuldades enfrentadas por uma rádio sem fins comerciais em Berlim: "Eles eram uma frequência oficial, eram legais, como ARD ou ZDF, eram financiados pela Rádio Berlim-Brandemburgo (RBB), que resolveu economizar recursos e acabar com o projeto Multiculti". A RBB, o maior complexo de comunicação na região de Berlim-Brandemburgo, interrompeu o projeto Multiculti alegando a existência de uma rádio similar na Alemanha, da região de Nordwestfallen, que, então, passou a transmitir sua programação para a capital alemã e o estado vizinho. Brigitta Gabrin, da Rádio Multiculti 2.0, conta que a emissora possuía muito mais recursos que a RBB e, com o tempo, passou a abordar temáticas de interesse para a região, ampliando consideravelmente seu público, mas ressalta o problema "de que era uma rádio de Nordwestfallen, não uma rádio local!".

A coordenadora da Rádio Multiculti 2.0 é enfática ao afirmar que quando fala de "local" pensa imediatamente na dimensão regional, na região de Berlim e Brandemburgo, daí seu engajamento pessoal junto aos políticos de ambos os estados para que a rádio voltasse a ter uma frequência:

> Eu comecei a fazer um trabalho de *lobby* junto aos políticos. Os políticos não reclamaram de nada publicamente, mas nos bastidores eles estavam muito irritados com o fato de uma rádio de Nordwestfallen transmitir seus programas em Berlim-Brandemburgo, uma coisa no mínimo maluca! Então tentamos recuperar a frequência, mas não deu certo assim, o que conseguimos foi a promessa de que receberíamos apoio financeiro com recursos públicos.

São também os parlamentos dos dois estados que sugerem e confirmam, por maioria simples de votos, os nomes dos sete membros do Conselho da MABB, a instância decisória máxima do órgão regulador dos meios de comunicação em Berlim e Brandemburgo. Esse conselho é renovado integralmente a cada cinco anos e seu presidente necessita de uma maioria de 2/3 dos votos de ambos os parlamentos para ser confirmado: "São três representantes do estado de Berlim e três do estado de Brandemburgo, indicados pelos parlamentos respectivos, o presidente pode ser de qualquer dos dois estados. E o diretor da MABB é escolhido pelo conselho" (Anka Heinze, MABB). São, em geral, pessoas proeminentes, já aposentadas, a maioria com experiência no campo da mídia, ex-chefes de redação de grandes jornais, diretores de emissoras de televisão etc.

Para aprovação de medidas como distribuição de frequências de rádio ou a reestruturação do Canal Aberto de Berlim, são necessários cinco votos nas sessões do Conselho. As frequências podem ser disponibilizadas para Berlim, Brandemburgo ou ambos os estados, dependendo da quantidade de quilowatts e também da localização da antena, que determinam raios variáveis de alcance. "Algumas frequências têm um alcance maior e chegam até Brandemburgo, por exemplo, a 100,6 (Motor FM) é uma frequência forte. Outras frequências têm um alcance menor e alcançam somente Berlim, outras, como a Rádio Power, alcançam somente Brandemburgo" (Anka Heinze, MABB).

Anka Heinze explica que, apesar da ausência de um Canal Aberto em Brandemburgo, há no estado vizinho muitas emissoras locais. Em

Brandemburgo, novas leis para regulamentação dos meios de comunicação foram aprovadas em 2009, mas continuam sem contemplar a existência de emissoras de rádio sem fins comerciais. Como as leis devem ser as mesmas para ambos os estados, em respeito a um acordo na área de comunicação entre ambos, não há também em Berlim a possibilidade de existência de uma rádio não comercial. Heinze acha que "não querem isso em Brandemburgo" e que, em Berlim, "há um *lobby* maior junto aos políticos por uma emissora de rádio assim".

Por força da legislação, o Canal Aberto transmite para Berlim e Brandemburgo, funcionando como uma plataforma "local" para os dois estados. Anneke Plass explica que a região Berlim-Brandemburgo é, para a emissora, o "local" em primeira instância. Eventos no estado de Brandemburgo ganham também atenção no programa "Ereignisfernsehen", embora sejam menos frequentes que em Berlim: "Mas há também shows em Potsdam (capital do estado de Brandemburgo). Nós vamos aos eventos, mas também as pessoas vêm até nós para solicitar a cobertura. Por exemplo, para a festa da floração (*Blütenfest*) em Brandemburgo" (Steffen Meyer, Offener Kanal).

O recorte nacional: a "pátria" é minha língua

Os grupos atuantes em Berlim têm em comum com iniciativas similares de outras cidades alemãs a língua falada e escrita, fazendo surgir também o recorte nacional em seu discurso. Uma rede/associação de rádios independentes de língua alemã viabiliza, por exemplo, o intercâmbio de programas e conteúdos através da internet, extrapolando, inclusive, as fronteiras nacionais para abarcar grupos e iniciativas de países com o mesmo idioma, como a Suíça e a Áustria.

A Associação Nacional de Rádios Livres reúne emissoras do gênero de toda a Alemanha, por conta de seus princípios norteadores comuns, como o fato de não terem interesses comerciais, de possuírem forte ligação com o local, com abertura e acessibilidade para todos aqueles que queiram, em tese, participar de sua programação. Essa associação organiza anualmente uma conferência nacional, com realização de atividades diversas como cursos e *workshops*, além de disponibilizar também uma página na internet (freieradios.net), com um banco de reportagens e programas, produzidos pelas emissoras filiadas. A página na internet ajuda, portanto, na divulgação das diversas experiências das rádios livres em todo o país, constituindo-se também numa forma de acesso à programação dessas emissoras.

Para Andreas Baier, do Studio Ansage e da Rádio Friedrichshain, com todos os programas que existem nos arquivos dessa página, poder-se-ia, facilmente, começar uma rádio livre em Berlim: "Se conseguíssemos uma frequência não seria nenhum problema organizar uma programação de 24 horas ao dia". Opinião compartilhada também por Frieder Bronner, da iniciativa Open Media, para quem "existem cada vez mais coisas sendo transmitidas, mais coisas para serem ouvidas". Segundo Bronner, a página da associação de rádios livres, "permite o intercâmbio de programas, de experiências diversas, que têm a ver também com manifestações, festas, e as muitas pessoas envolvidas com essas experiências no país".

Já Winnie Medina, da Rádio Onda, acredita que esse é o maior projeto de intercâmbio existente nos países de língua alemã, reunindo todas as rádios livres desses países, que podem assim disponibilizar seus programas e conteúdos de modo mais abrangente: "isso possibilitou também que a Rádio Onda pudesse distribuir melhor seus programas sobre a América Latina e sobre os movimentos sociais do continente latino-americano para as rádios livres de língua alemã". Stefan Tenner, das Rádios Corax e Kampagne, lembra que a Rádio Onda produz um programa semanal de duas horas em alemão e repassa esse programa para outras rádios livres através de uma agência de notícias. "Eles também produzem um programa em espanhol para os países da América Latina, com uma periodicidade menor. Eles têm um estúdio de rádio em Berlim, mas não são muito ouvidos na cidade".

Thomas Röhlinger, da Rádio Jojo, enfatiza as relações da emissora que coordena com rádios livres de todos os países de língua alemã e sua filiação à Associação Nacional de Rádios Livres da Alemanha, mas ressalta que os programas da rádio não são disponibilizados na plataforma da associação na internet: "queremos direcionar o interesse por nossa programação para nossa própria plataforma". Ele reafirma mais uma vez o caráter internacional dos programas produzidos pela rádio e as relações com países de língua inglesa, por exemplo, com a Nova Zelândia e os Estados Unidos, onde participam de outra plataforma, a *Public Radios Exchange*, de rádios públicas e comunitárias dos EUA, especificamente de um grupo de intercâmbio para jovens.

> Nós não começamos como uma emissora local, mas como uma emissora nacional. Desde o início pensamos de modo transregional, contemplando todo o espaço onde é falada a língua alemã. Não queríamos uma programação voltada somente para Berlim, mesmo hoje seria contrário a isso, simplesmente porque já existe muita coisa sobre Berlim nas emissoras de rádio dos países de língua alemã (Thomas Röhlinger, Rádio Jojo).

O recorte nacional é articulado também para ressaltar as diferenças entre os estados em relação à existência e ao funcionamento de rádios livres e dos canais abertos de rádio e televisão. Jens Gröger, da Pi-Radio, lembra que o número de rádios livres varia de estado para estado, já que isso depende das leis e da regulamentação, da forma como cada estado distribui as frequências e subvenções. Na Alemanha, como destacado em seções anteriores deste capítulo, cada estado tem autonomia para criar suas próprias leis no tocante à cultura, aos meios de comunicação, à educação etc. e poucas coisas são regulamentadas pelo poder central: "Existem 16 estados e 14 possuem rádios livres. Em alguns estados, como a Baviera e Baden-Würtenberg existem até mesmo várias rádios sem fins comerciais!".

Emissoras independentes de outras cidades, estados e países de língua alemã, como a Áustria e a Suíça, são lembradas no discurso dos porta-vozes das diferentes iniciativas em Berlim, mostrando que a articulação do recorte nacional se dá, sobretudo, através da língua falada, que extrapola, inclusive, o território alemão:

> Em Hamburgo existe a Rádio FSK (Freier Sender Kombinat), eles têm lá um estúdio, os grupos conseguiram se reunir em torno de um projeto comum. Depois eles se dividiram, em função de discordâncias de cunho político, por causa da discussão sobre o nacionalismo alemão depois da reunificação do país. Isso provocou uma cisão nos grupos de esquerda, originando grupos radicais contra qualquer espécie de sentimento nacionalista na Alemanha.

> Além de Hamburgo, existem outras rádios livres importantes no país, como a Rádio Dreieckland, existem rádios livres até na Baviera, um estado mais conservador, como a Rádio Z em Nuremberg ou outras ainda em Munique (Frieder Bronner, Open Media).
>
> Na Áustria, por exemplo, a presença de rádios livres é mais visível, pois as rádios puderam desenvolver um perfil próprio ao longo de anos de existência, e por isso também possuem um público para sua programação. Você conhece a Rádio Orange de Viena? Foi um projeto que pôde se consolidar, pois, em minha opinião, foi necessário vencer muitas barreiras/dificuldades para conquistar um público, desenvolver uma linha específica de programas, uma concepção redacional com uma qualidade específica, com a qual o público pôde se reconhecer e identificar (Martin Reiter, Tacheles).

Jana Schudrowitz, do Canal Aberto de Berlim, diz que a emissora é diferente de outros canais similares existentes no país em relação à participação no processo de tomada de decisões. Nos outros estados os canais abertos são, em geral, geridos por sociedades anônimas, não por um órgão regulador, como a MABB, "e para as sociedades anônimas que gerem essas emissoras o processo de tomada de decisões deve ser sempre coletivo, a partir da eleição de representantes dos usuários/produtores". Para Anneke Plass, isso é mais factível naqueles canais que atuam em cidades muito pequenas, "às vezes com três pessoas que são responsáveis pela gestão. Para nós, é claro, as dimensões são diferentes. Temos uma estrutura mais consolidada, diferente até de cidades como Hamburgo".

Vemos que o discurso e a ação dos diferentes grupos e iniciativas atuantes em Berlim vão criar, através de um conjunto diversificado de táticas de enunciação do lugar, uma complexa teia de articulação de recortes espaciais que vão do bairro/distrito, perpassando as escalas urbana e regional, alcançando o recorte nacional e, por vezes, até extrapolando as fronteiras do território alemão. Aqui, um maior acesso à técnica (em comparação aos grupos e iniciativas atuantes em Salvador) se traduz em uma tecnologia "multiterritorial", já que os grupos atuam localmente, mas sua ação e seu discurso extrapolam a esfera local e o lugar específico de atuação. E o lugar enunciado, de caráter "multidimensional", está também relacionado à habilidade de lidar com a técnica, com os grupos se apropriando dos meios de comunicação com uma perspectiva, sobretudo, política e cultural, elaborando tecnologias de processo que se consolidam no cotidiano de lugares abertos para o mundo, como analiso com mais profundidade no próximo capítulo.

Notas

[1] Gebühreneinzugszentrale: Central para recolhimento de taxas relativas ao uso do rádio e da televisão na Alemanha (http://www.gez.de/die_gez/unternehmen/index_ger.html).

[2] As entrevistas apresentadas neste capítulo foram realizadas em idioma alemão, transcritas e traduzidas pelo autor para o português, após sua realização.

TECNOLOGIA E LUGAR

Acesso universal à internet com baixo custo parece um sonho distante no Brasil, onde a proporção de domicílios com computador não supera a marca dos 36% (TIC Domicílios, dados de 2009[1]). Na região Nordeste, esse percentual é ainda mais baixo, não ultrapassando 18% (em comparação com a região Sudeste, com 45%, e a região Sul, com 43% – dados de 2009). Se considerarmos somente aqueles computadores com acesso à internet, esses números caem, respectivamente, para módicos 27% e 13% (dados de 2009).

O local de acesso à internet evidencia que as *lan houses* superam os domicílios nas menores faixas de renda: 72% até um SM (salário mínimo); 60% entre um e dois SM; 44% entre dois e três SM contra 38% entre três e cinco SM; 27% entre cinco e dez SM e 16% com dez SM ou mais (TIC Domicílios, dados de 2009). Independente da faixa de renda, 30% dos brasileiros acessam a internet em casa e 54% em *lan houses*.

Na Bahia, o acesso à internet deu um salto relativo, entre os anos de 2003 e 2009, de acordo com a Pesquisa Nacional por Amostra de Domicílios (PNAD), divulgada em setembro de 2009 pelo IBGE: 17,1% dos domicílios do estado possuem computadores com conexão; em 2003 essa taxa era quatro vezes menor, de apenas 4,67%. Em Salvador, 33,4% dos imóveis têm acesso à rede mundial; em 2003 o percentual era de 11,7%.

Na Alemanha, o acesso às tecnologias de informação e comunicação é mais universalizado e a discussão se dá em outras bases. Como em Berlim, onde 73,3% dos domicílios dispõem de computador com acesso à internet e a administração municipal quer abrir em breve licitação para implantação de uma rede sem fio que cubra todos os espaços públicos da cidade.

Vive-se em Berlim a era da universalização da rede WLAN (sem fio), algo inimaginável no contexto brasileiro atual. A ideia é instalar roteadores e antenas em semáforos, postes de iluminação e telhados de edifícios públicos, o que vem causando polêmica, considerando-se o impacto visual e a possibilidade de problemas de trânsito, em decorrência de possíveis falhas de sincronização com os semáforos. Mas essa não é a única causa de insatisfação em Berlim. Muitos gostariam que a infraestrutura fosse de fato pública e não explorada pela iniciativa privada.

Em Berlim, uma rede sem fio nas mãos dos usuários já é realidade desde 2002. Trata-se da iniciativa Freifunk ("Onda Livre"), que reúne muitos adeptos, principalmente no lado oriental da cidade, em distritos como Friedrichshain, Mitte e Prenzlauer Berg. Nesses distritos, logo após a queda do muro, a empresa de comunicação alemã Telekom instalou cabos de fibra ótica, na época a tecnologia mais moderna para acesso à internet rápida. Com o advento da internet sem fio, esses cabos se mostraram inapropriados, já que a instalação de uma infraestrutura de WLAN requeria cabos de cobre: isso deu origem à rede Freifunk, fruto da organização dos habitantes, que ao longo dos últimos anos conseguiram instalar uma (impressionante) estrutura descentralizada de WLAN, a um custo muito baixo e sem necessidade de conexão com um provedor central.

A rede Freifunk desconstrói a ideia de que a tecnologia separa e isola as pessoas nas metrópoles contemporâneas, porque exige de seus usuários estratégias de organização baseadas no encontro e na copresenca entre vizinhos, fortalecendo as redes sociais nos distritos onde se insere:

> Nós entendemos desde o início que Freifunk é, sobretudo, uma rede social, de caráter predominantemente local, não falamos nunca em construir uma rede com outros países ou cidades, nem mesmo com outros distritos, a rede é construída internamente aos distritos, falamos de ruas, de vizinhança, de vizinhos que estão a 300, 500 metros de você. E isso realmente só funciona bem se as pessoas se conhecerem, se estão dispostas a aprender a técnica, a compartilhar os custos, por exemplo, de uma conexão à internet (Jürgen Neumann, Freifunk).

Para se conectar à rede Freifunk, o novo usuário precisa de um roteador reconfigurado, um computador e alguém nas vizinhanças que já participe da rede. Os usuários compartilham programas gratuitos disponibilizados na plataforma Freifunk, além de uma infraestrutura de vizinhança, como antenas nos telhados dos prédios. Para iniciantes há um encontro semanal, no centro da cidade, quando experiências e dúvidas são compartilhadas com os mais "veteranos" na rede.

A rede Freifunk não se restringe apenas ao acesso à internet. O intercâmbio de arquivos é mais intenso entre os participantes do que na WLAN comercial. E isso não ocorre por acaso, como explica Jürgen Neumann, um dos muitos porta-vozes da rede:

> É muito mais rápido baixar um vídeo no computador a partir de um site, do que enviar um vídeo produzido por você para o Youtube, porque, desde o início, os provedores da infraestrutura queriam transformar os usuários em consumidores que não produzem conteúdos para a rede.

Ou seja: a tecnologia ADSL (*Asymmetric Digital Subscriber Line*) que baseia a WLAN comercial determina velocidades maiores para baixar arquivos e menores velocidades para enviá-los. Além disso, na rede Freifunk, todos dispõem de um endereço fixo de IP (ao contrário da internet sem fio convencional), o que facilita a conexão direta e o compartilhamento de conteúdos entre os participantes.

Se no contexto alemão Freifunk significa uma rede autônoma e não hierárquica de comunicação, no Brasil poderia representar uma possibilidade real de acesso à rede mundial de computadores de modo criativo, participativo e compartilhado para aqueles que de fato necessitam dessa técnica e não podem assumir os (ainda altos) custos para sua instalação.

Deve-se mencionar aqui o projeto Infovia Municipal de Salvador – SSA Digital, que objetiva dar completa cobertura de internet sem fio na cidade até a Copa de 2014. Pretendia-se instalar internet sem fio gratuita em 40 espaços públicos da capital baiana até o final de 2010, mas até agora somente quatro pontos já contam com o sistema (Praça Municipal, Praça João Martins, em Paripe, Praça do Imbuí e Praça Regina Guimarães, na Fazenda Grande), com um custo de 200 mil reais aos cofres públicos (Vasconcelos e Anjos, 2010).

No entanto, o serviço ainda é praticamente desconhecido para a maioria dos potenciais usuários. Os poucos que têm conhecimento do projeto se questionam sobre quem terá coragem de abrir um notebook para ficar à mercê de ladrões em um espaço público. Além disso, o serviço não exige ainda identificação dos usuários, o que, de acordo com especialistas, pode favorecer os chamados crimes "virtuais" (Vasconcelos e Anjos, 2010).

A comparação entre contextos sócio-espaciais tão díspares, embora passível de questionamentos, retoma a questão colocada no primeiro capítulo, de que a investigação sobre as relações entre mídia e lugar, entre tecnologia e lugar, requer uma avaliação do espaço como meio operacional e como meio percebido/concebido, de acordo com as ideias de Milton Santos (1996). É dos resultados de uma investigação assim que se pode inferir o papel e a importância dos lugares para a apropriação da técnica e sua transformação, através do uso e da apropriação, em tecnologia. Para a Geografia, trata-se de enfatizar a dimensão espacial desses processos, a partir da atuação de grupos e iniciativas que enunciam "lugares" e produzem espaço em contextos espaço-temporais específicos.

Esse "novo meio técnico" (composto por comunicação e informática, por linguagens e equipamentos) desempenha um papel que vai além da função de sustentáculo da ação humana, já que é, ele próprio, segundo Ana Clara Torres Ribeiro, "intrinsecamente ação":

> Por esse motivo, a sua natureza é estratégica e, virtualmente, instituinte. Esse meio emite, junto com a informação, exigências e ordens. Em consequência, *o desvendamento de outros usos sociais da (e para a) técnica constitui-se num dos maiores desafios enfrentados pelos que procuram por projetos para a defesa de um futuro melhor* (Ribeiro, 2008: 191, grifos do autor).

Ribeiro enfatiza, como o autor deste livro, a necessidade de reconhecimento das forças políticas e sociais que vão se apropriar do espaço herdado e das potencialidades da técnica. Concordamos também com sua afirmação de que não há neutralidade na tecnologia e que a "liberdade não emana diretamente da técnica" (Ribeiro, 2008: 195), acrescentando que é nos lugares de atuação de grupos e iniciativas que se apropriam dos meios de comunicação, que a técnica pode possibilitar o surgimento de usos criativos de uma tecnologia autônoma e, por que não dizer, "livre" em suas acepções e significados.

Onda Livre: um exemplo de uso criativo da tecnologia

O exemplo da rede Freifunk ("Onda Livre") mostra que o uso criativo da tecnologia pressupõe conhecimento técnico, mas, sobretudo, articulação política, baseada em princípios filosóficos e na autonomia dos grupos e iniciativas em cada lugar concreto. Essa oportunidade vai surgir em Berlim, no início dos anos 2000, a partir da organização, pela iniciativa Bootlab, de um *workshop* com convidados da Inglaterra no centro da cidade. Como resultado concreto, um manifesto foi elaborado pelos participantes, como uma primeira tentativa de definir teoricamente o que seria uma "internet livre", construída pelos usuários e pelos fornecedores de infraestrutura de modo coletivo. A meta principal era o estabelecimento de uma infraestrutura de rede descentralizada e autogestionária na capital alemã.

Jürgen Neumann admite que nessa época a iniciativa não estava tão bem estruturada tecnicamente. Também as possibilidades de *modem* oferecidas pelos fabricantes eram limitadas, já que pressupunham que as pessoas se conectassem com um computador central. Por isso, para construir um trecho de rede sem fio, era necessário sempre conhecer alguém nas redondezas que estivesse conectado via *modem* a um provedor. Outra possibilidade pensada na época pelos fabricantes era conectar notebooks entre si, sem a intermediação de um computador central, algo que acabou não se concretizando na prática. Superadas as dificuldades iniciais e com uma maior acessibilidade à técnica, a iniciativa passou a, efetivamente, criar tecnologia para alcançar seus objetivos e disseminar suas ideias na cidade:

> Começamos a desenvolver sistematicamente um novo protocolo.[2] Outro projeto importante foi o *Open* WRT,[3] pessoas que desenvolveram *softwares* gratuitos para a plataforma Linux, direcionados aos roteadores *wireless*. Com isso tínhamos então tudo para infraestruturar uma rede sem fio nos moldes de Freifunk na cidade (protocolo, possibilidade de reconfigurar os roteadores etc.). E então o Sven Ola tomou para si o trabalho de fazer o *design* da *homepage* da iniciativa Freifunk, disponibilizando aos usuários da página todos esses recursos através de uma única plataforma, de modo que qualquer um pudesse acessar a página e configurar seus computadores/roteadores para se conectar a uma rede Freifunk. E esse foi um momento muito importante, pois passamos a ter nosso próprio *firmware*,[4] que qualquer pessoa podia baixar gratuitamente acessando nossa página. A partir de nosso *firmware* é relativamente simples transformar um roteador convencional em um roteador Freifunk. Uma vez reconfigurado, o roteador Freifunk se conectará automaticamente a outro roteador da rede (Jürgen Neumann, Freifunk).

Mas a possibilidade de se apropriar da técnica passa, necessariamente, por táticas de questionamento das práticas estratégicas de comerciantes e fabricantes, norteadas, sobretudo, por interesses comerciais, como explica Heiko Thierl, da iniciativa Mikro FM: "A firma que comercializava o aparelho não fornecia o código ao cliente, assim não podíamos mudar o programa do roteador, e isso era contraditório com a licença do sistema que a empresa utilizava, um sistema de acesso livre". Graças ao grupo Computer Club, uma queixa foi apresentada aos órgãos reguladores, o que obrigou a firma a fornecer o código ao cliente, possibilitando a reprogramação/reconfiguração do roteador e a consolidação de iniciativas como a rede Freifunk e a Mikro FM.

Entre os participantes dessas iniciativas é comum a ênfase na mobilização de instâncias locais para a consolidação de práticas relativamente autônomas de apropriação dos meios de comunicação, como pode ser constatado no depoimento de Stefan Tenner, da Rádio Corax/Rádio Kampagne:

> Eu já participei de uma rede Freifunk assim que cheguei em Berlim. Meu transmissor ainda está guardado em casa, poderia ter doado para a Rádio Multiculti, pois não uso mais. Qualquer um pode fazer isso, você pode ver simplesmente quem está perto de você e participa da rede, contatá-lo e compartilhar protocolos e dados, instalando transmissores nos telhados dos prédios. No meu caso, meu telhado ficava na fronteira entre os distritos Weissensee e Pankow, era alto e por isso ideal para instalação de um transmissor. Para participar dessa rede basta encontrar gente interessada nas redondezas do local onde você mora.

Evidentemente isso pressupõe um claro posicionamento político, algo que vai além do domínio da técnica. Embora reconheçam o potencial político dessas iniciativas, a maioria dos participantes se compreende "como técnicos" ou como "aficionados da técnica": "São pessoas de mente aberta, têm posições políticas mais progressistas, mas dizem que querem simplesmente ter um acesso mais democrático à tecnologia. Alguns deles têm participação como ativistas de esquerda" (Johannes Willms, Bootlab). Frieder Bronner, da Open Media, reafirma a necessidade de um posicionamento político muito claro para que alguém venha a se interessar pela iniciativa Freifunk, já que, na maioria dos distritos de Berlim, o acesso à internet comercial é muito barato e a infraestrutura existente oferece cobertura mais do que satisfatória aos usuários. Nessas áreas, é o perfil político da população que vai determinar uma maior ou menor presença da rede Freifunk:

> Em Neuköln, esse interesse é praticamente inexistente, mas em Kreuzberg, um distrito de esquerda, com muitas repúblicas de estudantes, ex-ocupantes de edifícios, muitas pessoas ligadas à causa ambiental, ao Partido Verde, um distrito governado por uma coalizão de esquerda (socialistas e verdes), esse interesse é bem maior. Muitos projetos, muitas estruturas alternativas de organização em Kreuzberg estão conectadas com projetos e estruturas similares em Friedrichshain e também em Neuköln e Treptow via Freifunk.

No entanto, os participantes da rede Freifunk não se utilizam dessa infraestrutura para mobilizar pessoas, ligadas, por exemplo, ao movimento de ocupação de prédios, ainda muito atuante na cidade. Não se constitui, portanto, em uma mídia para (e apropriada por) essa cena política. Para muitos, é somente uma infraestrutura técnica, que não é utilizada politicamente:

> É claro que a ideia em si é por si só política, mas não é, por exemplo, como uma rádio livre, em que a mobilização é um fator determinante. Se há uma demonstração de esquerda, a Rádio Z[5] vai mobilizar as pessoas durante semanas antes da demonstração! Vai transmitir entrevistas, vai criar *jingles* específicos para isso, as pessoas vão saber da manifestação através da rádio, e isso é uma coisa que, infelizmente, não existe em Berlim (Stefan Zimmer, Mikro FM/Rádio Kampagne).

De fato, a rede Freifunk não produz conteúdos para a internet. Por isso, muitos defendem a ideia de produzir um programa de rádio com essa infraestrutura, que poderia ser transmitido a partir de diferentes lugares, de modo que cada transmissor poderia funcionar como uma pequena estação de rádio. Os dados de áudio seriam armazenados em uma espécie de protocolo, que programaria quando deveriam ser transmitidos para toda a rede. Isso foi efetivamente tentado pela iniciativa Mikro FM (ver capítulo "Mídia alternativa e multicultural em Berlim"), mas outros modos mais descentralizados de produção e transmissão de conteúdos poderiam também ser testados, como explica Johannes Willms, da iniciativa Bootlab:

> Existe uma quantidade incrível de modelos com os quais se pode trabalhar. Todo esse *know how* pode ser aprendido, pode ser apropriado. A comunidade que usa essas técnicas é muito aberta a intercâmbios e trocas. Além disso, eles têm um arquivo incrível de informações e documentação.

Os sites de utilidade pública nos bairros populares de Salvador: menor acesso à técnica e mais conteúdo "local" para a internet

Em Salvador, como visto no capítulo "Mídia popular e comunitária em Salvador", o acesso à técnica pelos produtores/organizadores dos sites de utilidade pública com atuação nos bairros populares da cidade é muito mais restrito que em Berlim. Muitas vezes, o discurso e a ação dessas iniciativas são claramente norteados pelos limites relativos à infraestrutura disponível, como explica Fábio Ferreira, do Portalpiraja, já que nem todos possuem em casa um computador com acesso à internet: "Aqui no bairro, temos uma sala, tipo uma *lan house*, onde é atualizado o site. Rogério também faz a atualização na casa dele. Ele e eu nos comunicamos muito pelo MSN: eu passo a notícia para ele atualizar. É sempre uma troca de informações".

Portanto, mesmo quem atualiza o site pode não ter um computador com acesso à internet em casa, como mostra o exemplo do site Portalpiraja. Ferreira demonstra, no entanto, alguma familiaridade com a técnica, repassando de diversas maneiras matérias jornalísticas para o colega Rogério: "Envio as matérias pro e-mail dele. No site tem uma página de arquivo, a qual só nós temos acesso, enviamos as notícias assim também. A partir daí, Rogério acessa essa página e coloca no site". Ferreira se preocupa também com o controle do número de acessos e explica o uso da ferramenta que lhe permite inferir o alcance de sua iniciativa:

> Nós lançamos esse site há mais ou menos 90 dias, temos um bom número de pessoas acessando, até porque agora estamos investindo na divulgação, através de faixas e também alguns cartazes. Queremos colocar esses cartazes nos ônibus, e para isso os empresários do bairro estarão nos ajudando. Temos uma página que nos possibilita saber todos os acessos que o site teve, além dos horários. Temos um controle diário, uma média de 17 pessoas por dia. Isso se intensificou depois da divulgação. Desde que foi lançado, o site teve uma média de 1.500 acessos.

A preocupação com o número de acessos permeia também o discurso de Elton Serra, do site Cidadebaixa.com, que, do mesmo modo que Fábio Ferreira, demonstra familiaridade com as ferramentas operacionais do sistema: "Temos uma média mensal de sete a oito mil acessos. Temos essa informação através da parte operacional do site, a qual permite que saibamos até de onde a pessoa está acessando. O próprio sistema informa". Ao contrário do site Portalpiraja, Serra e outro colega possuem computador em casa, atualizando os conteúdos do Cidadebaixa.com a partir de suas residências, localizadas nos bairros da região.

Percebe-se entre os grupos que administram os sites em Salvador uma maior preocupação com a produção de conteúdos para a internet, em geral baseados na coleta de informações no cotidiano dos bairros e localidades onde atuam essas iniciativas. Preocupam-se, também, com a caracterização do perfil do público para qual são direcionadas essas informações e conteúdos:

> A própria comunidade que frequenta *lan house* ou que tem computador em casa acessa muito nosso site. Hoje estamos conseguindo abranger um grande número de usuários, principalmente pessoas do bairro que labutam com informática. Pessoas ligadas às associações de bairros também fazem parte desse perfil. Hoje eu faço parte da união dessas associações, então permitimos que elas possam divulgar seus eventos através do site. Estamos pensando em fazer com que cada associação tenha sua própria página, para divulgar seus eventos e os trabalhos que desenvolvem (Fábio Ferreira, Portalpiraja.org).

As táticas de produção dos conteúdos vão se basear, sobretudo, no ativismo de bairro e na atuação dos coordenadores dos sites em suas localidades, mostrando também uma superposição de papéis no cotidiano dos grupos e iniciativas analisados em nossas pesquisas. Além disso, o próprio site fornece mecanismos para levantamento de conteúdos de interesse para as localidades ("Fale Conosco"), posteriormente debatidos e aprofundados em reuniões periódicas dos grupos:

> Eu busco os conteúdos através dos trabalhos que realizo com as associações. Fazemos levantamentos a partir da participação no Fale Conosco. Temos reuniões aqui todas as terças-feiras, pois sou líder da "Terceiro Milênio", que é a união de todas as associações, então, todas as terças, temos conteúdo. Eventos, problemas do bairro com relação a transporte são discutidos nas reuniões das associações e viram notícias, pois são importantes para a comunidade (Fábio Ferreira, Portalpiraja.org).
>
> Cajazeiras é uma cidade em movimento, até em você sair na rua, já é fácil encontrar matéria. Aqui na Rótula da Feirinha, que é o coração do bairro, ficamos sabendo de muitas coisas. Temos também o Fale Conosco, uma seção na qual as pessoas contribuem com informações, que acabam virando matérias. Temos reuniões, nas quais nós decidimos o que vai ou não entrar no ar. Não temos muito tempo para a realização dessas reuniões, mas acho importante analisar as notícias antes de divulgá-las, para colocar no ar assuntos que realmente interessem ao bairro (Roberto Oliveira, Cajazeiras.net).

Entre as iniciativas analisadas em Salvador há, portanto, uma maior preocupação com a produção de conteúdos locais para os sites de utilidade pública, embora sejam evidentes também maiores dificuldades de acesso às novas tecnologias informacionais do que em Berlim. Na capital alemã, por outro lado, o exemplo da rede Freifunk demonstra maior domínio e autonomia dos participantes para a construção de uma infraestrutura mais universalizada de acesso à internet, com ênfase na descentralização e autogestão.

Isso não quer dizer, no entanto, que em Berlim não haja produção de conteúdos para a rede mundial de computadores entre os grupos e as iniciativas analisados. Ao contrário, há uma relação muito mais estreita entre os diferentes meios de comunicação, proporcionando maior disponibilização de conteúdos e uma mais ampla interface entre as diferentes linguagens – texto e audiovisual – através das ferramentas digitais da *Web 2.0*,[6] como passamos a analisar na próxima seção.

Berlim: diálogo entre as diferentes mídias

Em Berlim, os grupos e iniciativas pesquisados se apropriam das tecnologias de informação/comunicação de maneiras diversas, fazendo dialogar as diferentes mídias – rádio, internet e vídeo – em suas táticas de apropriação. A tendência é se tornar "trimidiático", como demonstram os exemplos do Canal Aberto de Berlim ou da Rádio Multicult, analisados ao longo do capítulo "Mídia alternativa e multicultural em Berlim".

Um aspecto central do processo de reforma do Canal Aberto de Berlim, quando também passou a ser chamado de "Alex", foi a possibilidade de oferecer sua programação ao público através de uma plataforma trimidiática (televisão, rádio e internet), a possibilidade de experienciar a programação da emissora nas três mídias. Foi isso também que inspirou o desenvolvimento de um novo logotipo, um "A" constituído de três arcos que simbolizam a televisão, o rádio e a internet. A internet vai funcionar como um complemento para o rádio e a televisão, aumentando a possibilidade de acesso aos programas produzidos.

Assim, pode-se receber o sinal de rádio através de uma frequência, para aqueles que moram em Berlim, ou ouvir os programas via cabo ou internet, para aqueles que não moram na cidade, caso de ouvintes da Baviera ou de Nordwestfallen: "Se alguém perdeu um programa na televisão ou no rádio, pode assisti-lo também pela internet, ou ainda baixá-lo como *Podcast* e ouvi-lo em um mp3. As três mídias se enriquecem mutuamente" (Steffen

Meyer, Offener Kanal). Com isso, o Alex quer figurar na paisagem midiática da cidade como uma unidade nas três mídias, com o mesmo *design*, a mesma programação visual, algo que busca expressar também através de sua nova marca.

Para o Canal Aberto de Berlim (Alex), a internet oferece, portanto, uma possibilidade nova de criação de uma midiateca virtual, disponibilizando programas de rádio e televisão e complementando funcionalmente as outras duas mídias. Segundo Anneke Plass, do departamento de comunicação da emissora, é "outro modo de oferecer serviços. Um programa de rádio local pode ser ouvido em outros lugares, isso amplia também a ideia de uma programação regional". A emissora quer transformar sua página na internet em um ponto de encontro, organizando, por exemplo, fóruns de discussão, abrindo a possibilidade de inserção de comentários dos ouvintes/telespectadores sobre a programação na página, uma espécie de ouvidoria, "um modo de ter um *feedback* direto do público, ainda que de modo virtual" (Anneke Plass, Offener Kanal).

Brigitta Gabrin, da Rádio Multiculti 2.0, afirma que, embora ainda sonhe com uma frequência para a emissora, mudou diametralmente sua posição pessoal sobre as *webradios*: "elas são as rádios do futuro, mas como nós ainda não estamos no futuro, ainda acho importante que nós tenhamos uma frequência". Desde que a rádio migrou para a internet, programas de computador vêm sendo desenvolvidos ou aperfeiçoados, para, por exemplo, agrupar material enviado pelos ouvintes por temática, a fim de disponibilizá-los na página da emissora: "porque nossa rádio atrai essas pessoas que trabalham com desenvolvimento de *software*, porque apesar de sermos uma rádio nova na internet, já éramos conhecidos antes disso, o que é um atrativo especial".

A coordenadora da Rádio Multiculti 2.0 também explicita a vontade de trabalhar com as três mídias (rádio, televisão e internet), transformando o que de início era uma dificuldade – migração para a rede mundial de computadores por não mais possuir frequência para transmitir seus programas – em uma perspectiva nova de futuro:

> Na internet também temos a possibilidade de transmitir imagens, gostaria de poder oferecer essa possibilidade aos colegas e colaboradores da Multiculti, que eles possam também fazer trabalhos em vídeo, que nós possamos ter uma produtora que viabilize isso. Eu conheço bem isso como jornalista *freelancer*, você pesquisa muito para uma matéria de rádio, e nesse processo poderia fazer também alguma coisa com vídeo, mas muitas vezes não faz, pois não tem como veicular o material. Com uma produtora talvez pudéssemos oferecer essa possibilidade aos colaboradores da rádio.

A internet também vem facilitando o trabalho relacionado à redação/concepção dos programas/seções, como é o caso da Rádio Friedrichshain. Andreas Baier explica que cada um dos membros da redação da emissora possui uma senha e pode acessar a página na internet como administrador, o que permite maior agilidade na elaboração e discussão de pautas, sem a necessidade de reuniões presenciais da equipe. Mathias Merkle, do Sender Freies Neuköln, ressalta que a internet e o uso de tecnologias digitais barateiam, sem dúvida, os custos da produção de programas audiovisuais, mas enfatiza a necessidade de equipamentos e tecnologia necessários para produzi-los: "Temos uma boa ilha de edição em casa, temos também um miniestúdio para gravação de som, câmeras etc. Podemos produzir, na verdade, qualquer coisa!".

Através da iniciativa Streetgriot, jovens vêm sendo estimulados a fazer pesquisas e desenvolver conteúdos para a internet, através do uso da ferramenta *webquest*,[7] como explica Julia Eskner, ressaltando também, em seu depoimento, a importância de enfatizar o caráter interativo da rede mundial de computadores entre os usuários:

> Recentemente trabalhamos com o tema dos conflitos na Indonésia, e desenvolvemos 16 perfis de pessoas envolvidas, de modo a não reduzir a questão somente aos conflitos entre cristãos e muçulmanos. E queríamos que a complexidade dos conflitos aparecesse como resultado do trabalho. Por exemplo, pensar que também entre os cristãos há fundamentalismo. Também trabalhamos com o tema "Israel" com *webquest*, o trabalho ainda não está totalmente concluído, e também fizemos 15 perfis de pessoas envolvidas nos conflitos, dos dois lados do conflito. E aqui os participantes também trabalharam com as mais diferentes perspectivas, os mais diferentes contextos. Os perfis são em forma de texto, mas também temos a intenção de trabalhá-los no futuro em forma de vídeo.

O uso inovador da internet como complemento para a mídia rádio incorpora-se, portanto, ao discurso e à ação dos grupos e iniciativas pesquisados, ampliando as possibilidades de apropriação sócio-espacial das mídias na cidade. Johannes Willms, da iniciativa Bootlab, acredita que hoje poucas pessoas têm a possibilidade real de fazer rádio em Berlim, mas que uma plataforma na internet poderia oferecer, a mais interessados, condições técnicas para publicação de arquivos de mídia digital na internet, com a organização de uma redação de *podcasting*.[8]

Willms argumenta que, se, por hipótese, cinquenta pessoas fossem chamadas e cada uma produzisse cinco *podcasts* por semana, "é possível que saiam daí pelo menos dez bons programas. Dessa forma pode-se organizar as pessoas, ampliando a possibilidade de fazer rádio para mais gente". Ele lembra também que, em Berlim, já existe a Rádio Chaos, uma iniciativa do Chaos Computer Club que produz duas horas de programação por mês, trabalhando com temas abrangentes, como, por exemplo, debatendo as tentativas de censurar conteúdos da internet. Assim, muito mais pessoas poderiam produzir conteúdos e programas: "o rádio ainda tem um importante papel a desempenhar! Por exemplo, filmes de cinema poderiam ser ouvidos no rádio, existem muitos filmes que funcionam bem quando transmitidos assim".

Seguindo a mesma linha de argumentação, Frieder Bronner, da iniciativa Open Media, afirma que se pode imaginar muitas coisas interessantes para o futuro do rádio enquanto mídia, "diferente do jeito tradicional de fazer rádio na Alemanha, que considero desinteressante e inadequado". Bronner também enfatiza a produção de *podcasts*, "que qualquer pessoa poderia baixar em seu I-Pod e ouvir através de um computador ou no rádio de seu carro, ou ainda no trem ou no metrô". Ele ressalta que, hoje, há muito mais circulação de músicas que há vinte anos, quando não existiam sequer CDs: "Existiam fitas cassete, que permitiam o intercâmbio de músicas, mas é claro que não na dimensão que conhecemos hoje!".

Anka Heinze, da MABB, acha que as *webradios* serão cada vez mais numerosas e importantes, que terão cada vez mais ouvintes, "porque os mais jovens não querem estar presos apenas às emissoras tradicionais". Ela enfatiza o desejo de ouvir rádio de um modo mais interativo, proporcionado pelas novas tecnologias, lembrando também das facilidades proporcionadas pelo uso e pela disseminação de aparelhos como o I-Pod:

> Mas isso é ainda uma tecnologia cara, pois se uma *webradio* tem muitos ouvintes, ela precisa pagar mais caro para um provedor mais potente que suporte uma quantidade maior de acessos. Quem deseja transmitir rádio dessa maneira precisa de suporte financeiro para fazê-lo. Em relação ao Alex, com a reformulação da emissora, temos um novo *live stream* para transmissão de programas de rádio na internet, e um provedor que permite 500 acessos simultâneos, de uma única vez. Antes, havia a possibilidade de apenas trinta acessos simultâneos. E isso fez com que pagássemos mais caro ao provedor, para aumentar a capacidade de acessos simultâneos. Todos os programas podem hoje em dia ser acompanhados ao vivo, antes isso só era possível em determinados dias e horários, mas há também a possibilidade de ver os programas depois que eles foram transmitidos.

Embora mais disseminadas atualmente na paisagem midiática da Alemanha, as *webradios* ainda são vistas por alguns de nossos entrevistados com alguma desconfiança ou mesmo algum ceticismo, como é o caso de Jens Gröger, da Pi-Radio, que considera o alcance dessas emissoras muito limitado: "há contadores de visitantes nos sites e isso é o pior, sabe-se quantas pessoas estão ouvindo a programação. Mas uma rádio que transmite ondas pode alcançar mais pessoas, ao invés de cem, pode ser ouvida por cem mil pessoas". O controle do número de acessos aos conteúdos produzidos e disponibilizados para a internet é, aliás, uma preocupação comum entre os grupos e iniciativas pesquisados, tanto em Berlim como em Salvador.

Mathias Merkle, do Sender Freies Neukölln, explica que controla o número de acessos, mas não sabe caracterizar o perfil do público que acessa os conteúdos. Mesmo o controle do número de acessos é, de certo modo, limitado por dificuldades de ordem técnica e operacional. Segundo Merkle, é preciso diferenciar o número real de acessos e o número de "cliques", que podem chegar até dois milhões por dia. Quanto mais imagens, quanto mais propaganda for veiculada em um site, mais cliques ocorrerão, em média quarenta cliques a cada acesso. No entanto, muitas vezes, quem acessa a página deixa para trás quarenta cliques, mas não acessa de fato nenhum conteúdo e sai muito rapidamente do site: "Por isso, eu parei de controlar o número de cliques. Há uma estatística mais interessante, o número de usuários que permanecem pelo menos três minutos no site".

Há também quem lembre que, no mundo contemporâneo, vive-se em contextos "midiáticos" muito diferentes, como Thomas Röhlinger, da Rádio Jojo. Para ele, em algumas regiões da América Latina e África o rádio tradicional será ainda uma mídia importante no futuro, reconhecendo que na Europa a mídia digital é hoje muito mais presente: "Mesmo daqui a vinte anos isso não vai mudar. Mas eu penso também que existirão cada vez mais formas híbridas de mídia. Inclusive com a possibilidade de inserção de imagens nos sites das *webradios*".

O pioneirismo tecnológico do Tacheles e os conflitos entre cultura alternativa e especulação imobiliária em Berlim: a inovação ameaçada

O Tacheles, bastião da cultura alternativa na cidade (ver capítulo "Mídia alternativa e multicultural em Berlim"), já abrigou rádios livres nos anos 1990, como a Pi-Radio, e em 1993-1994 já disponibilizava internet com livre acesso para seus frequentadores. A partir da reciclagem de computadores antigos, foram colocados já nessa época alguns terminais à disposição do público para acesso a internet, "bem antes do aparecimento desses cibercafés de hoje em dia", como ressalta Martin Reiter, porta-voz e coordenador do centro cultural mais conhecido da cidade: "acreditávamos que dando acesso universal à internet poderíamos tornar o mundo melhor, uma ideia bem ingênua se penso nisso agora".

Nessa época, todos os ateliês de artistas foram conectados também à rede mundial de computadores: devido ao pioneirismo da iniciativa na cidade, o fato ganhou repercussão internacional em revistas norte-americanas, dando, segundo Reiter, "certa importância política ao que estávamos fazendo aqui. Berlim ainda era uma cidade muito atrasada nesse sentido; nós fomos pioneiros, com uma visão de liberdade de acesso e não de algo voltado para o mercado".

Fotos: Dagmar Serpa

Aspectos da fachada do Tacheles, no centro de Berlim.

Os artistas do Tacheles foram também os primeiros a lançar uma página na internet, em 1993, em um período no qual não havia o hábito de divulgar informações e conteúdos dessa maneira. Martin Reiter reconhece que nos primeiros anos praticamente ninguém visitava a página, pois eram poucos os que dispunham de acesso à rede mundial de computadores: "mas isso não tinha para nós a menor importância! Tínhamos conhecimento da técnica e de como fazer, fazíamos de graça, um serviço pelo qual hoje se paga muito dinheiro". Hoje a página do Tacheles é atualizada diariamente através da utilização de um sistema de manutenção simples e barato e a partir de um banco de dados gerenciado pelos próprios artistas.

Localizado no distrito central (Mitte), o Tacheles corre hoje o risco de desaparecer se os atuais ocupantes não comprarem o prédio e o terreno onde está localizado, avaliados em 3,5 milhões de euros (ver capítulo "Mídia alternativa e multicultural em Berlim"). O proprietário tem outros planos para o local: um hotel de "eventos" e de entretenimento, aproveitando-se da boa reputação da marca "Tacheles", uma atração turística de Berlim.

Uma reportagem do jornal *Berliner Zeitung*, de 16 de fevereiro de 2009, relata o drama vivido pelos artistas ocupantes do Tacheles, que, naquele ano, comemorava 19 anos de existência. Pouco antes dos festejos de natal de 2008, o Grupo Fundus, proprietário do imóvel e do terreno, apresentou ordem de despejo aos 60 artistas que, em tese, deveriam abandonar seus ateliês até 31 de dezembro daquele ano. O prazo foi negociado, mas a ameaça de desapropriação ainda paira sobre os artistas ocupantes do prédio.

O Grupo Fundus, proprietário, entre outros, do Hotel Adlon, localizado na Unter der Linden, uma das avenidas mais conhecidas da cidade, adquiriu o terreno e o prédio do Tacheles em 1997 por 80 milhões de marcos alemães. O novo proprietário tinha intenção de realizar uma grande operação urbana que daria origem a um hotel cinco estrelas e a um novo quarteirão no distrito do Mitte, investindo uma soma estimada de 400 milhões de euros. Em 2003, a falta de investidores obrigou o grupo a adiar os planos, originando a atual situação de instabilidade para os artistas ocupantes do centro de cultura alternativa mais famoso da cidade.

Com a queda do muro, Berlim tornou-se atrativa tanto para bancos, fundos de investimento e de aposentadoria – a maioria de procedência alemã, escandinava, francesa e norte-americana –, como para artistas, músicos, *performers* e protagonistas de uma cena "alternativa" mundial; os dois lados interessados nas oportunidades que se abriam para novos experimentos e projetos. Atualmente, as duas partes protagonizam o principal conflito em curso na cidade: nichos culturais *versus* especuladores imobiliários.

A valorização do Mitte, onde se localiza o Tacheles, foi deflagrada, no início dos anos 1990, pela recuperação do Hackesche Höfe, um conjunto de prédios que hoje abriga um *mix* de atividades culturais, residências, lojas e escritórios. Embora a crise financeira atual tenha atingido em cheio o mercado imobiliário em Berlim – no período 2007-2008 os investimentos caíram pela metade – o centro é ainda o metro quadrado mais caro da cidade: acima de 2300 euros, em contraposição a distritos como Neuköln e Tempelhof, abaixo de 1100 (dados de 2009). Nos distritos de Mitte e Prenzlauer Berg houve, em decorrência da valorização dos imóveis, um violento processo de substituição de população.

Praticamente o mesmo ocorre às margens do rio que corta a cidade: o Spree. No distrito de Kreuzberg-Friedrichshain,[9] vários locais, como o Bar 25 e o clube Maria am Ostbahnhof, também podem sumir do mapa por conta da operação Mediaspree, que vai transformar a área em um centro de (grandes) empresas de mídia, moda e entretenimento. A crise financeira adiou vários desses projetos, abrindo a possibilidade de permanência provisória para alguns dos bares e clubes.

Organizados na iniciativa "Medienspree versenken", muitos berlinenses defendem a permanência definitiva desses locais, com o argumento de que os turistas vêm à cidade buscando justamente essa "atmosfera", agora ameaçada. Outros querem uma política urbana voltada para as vocações da cidade, uma espécie de Meca para a música eletrônica, para a cena punk e outras manifestações como o grafite, argumentando que essa cultura se origina do clima libertário vigente nos anos 1990, quando prédios e terrenos foram ocupados por aqueles que são hoje a "cara" da cidade.

Os embates em torno da operação Mediaspree ganharam mais uma vez as manchetes dos jornais com a manifestação "Megaspree", que reuniu, em julho de 2009, milhares de pessoas nas ruas de Berlim. Representantes dos bares e clubes ameaçados protestaram contra a falta de sensibilidade dos órgãos de planejamento urbano para a questão, defendendo que a cultura alternativa também gera empregos, renda e, sobretudo, movimenta o turismo na cidade. Estima-se, por exemplo, que somente no Bar 25 circulem dez mil visitantes em um único final de semana, gente que muitas vezes vem de muito longe: Estados Unidos, México e Nova Zelândia. Além disso, argumentam também que esses bares e clubes, já "tradicionais" em seus distritos, são parte integrante (e indispensável) da paisagem cultural berlinense.

O prefeito de Berlim, Klaus Wowereit, argumenta que a operação Mediaspree é uma chance única de geração de empregos e desenvolvimento urbano para a cidade, considerando "fatal" abrir mão desses projetos em função de interesses particulares de alguns bares e clubes da cena local. Os processos de especulação imobiliária e gentrificação podem, porém, transformar Berlim em uma metrópole como outra qualquer na Europa (algo, aliás, que também precisa ser refletido pelos soteropolitanos no contexto brasileiro!).

O Tacheles é um exemplo contundente de aglutinação de forças inovadoras no campo tecnológico e também da efervescência cultural em Berlim, mostrando que a técnica pode se associar à política e à arte, inovando no sentido mais profundo na geração de conhecimento e tecnologia. As dificuldades hoje enfrentadas pelo Tacheles (e por outros centros da cultura alternativa na cidade) mostram também que essas iniciativas vão se transformando em nichos de cultura alternativa na capital alemã, frente às estratégias oficiais de valorização do solo urbano e atração de grandes investimentos como a operação Mediaspree.

Sem dúvida, isso coloca em xeque a atuação dos grupos e iniciativas que se apropriam de modo inovador dos meios de comunicação na cidade, como é precisamente o caso das rádios livres; mas, ao mesmo tempo, faz ressurgir as transmissões "inoficiais" de rádio na cidade, como uma forma de reação e aglutinação desses grupos e iniciativas, como analisaremos na próxima seção.

"Inoficial" ou pirata? A tecnologia a serviço da resistência cultural, política e "comunitária"

Um de nossos entrevistados, que prefere discrição quanto a sua identidade, dá a dimensão do momento atual de (re)aglutinação de forças na cena alternativa de Berlim, com a retomada das transmissões "inoficiais" de rádio. Os dias de ação coletiva (*Aktionstage*) são exemplo dessa retomada, expressando a reivindicação por mais espaços públicos, mais espaços abertos em Berlim, onde esses espaços estão desaparecendo, tornando-se cada vez menores e mais raros:

> E essas ações estão sendo organizadas para fazer frente a isso. Durante essas ações existe já uma longa tradição de também fazer transmissões de rádio. Como não existe uma rádio livre em Berlim, essas transmissões são feitas de modo inoficial, por pessoas de diferentes grupos, gente da imprensa, ou gente que simplesmente faz rádio, e que se reúne para fazer essas transmissões nesses dias específicos. Uma coisa bem atual é a ocupação do terreno do aeroporto Tempelhof, que foi desativado há pouco tempo. Pretendemos fazer também nesse dia uma transmissão de rádio, com discussões específicas sobre o assunto, com contribuições de especialistas. Outra coisa atual é a questão dos Roma, que querem expulsar da cidade, e por isso organizamos também transmissões de rádio, com discussões de fundo sobre o tema.

A questão da ocupação do imenso areal do aeroporto Tempelhof, recentemente desativado, serviu efetivamente de motivação para um forte movimento de resistência à ideia de utilizá-lo como área de expansão imobiliária na cidade, com a construção de novos conjuntos habitacionais de alto padrão e um grande parque público. Por hora, o terreno e o antigo prédio do hangar do aeroporto vêm sendo utilizados por grandes eventos de moda, motivo de questionamento para várias iniciativas, entre elas o grupo Squat Tempelhof, que luta pela abertura imediata do terreno para uso público, com a retirada das cercas de arame farpado que delimitam a área.

No fim de julho de 2009, a manifestação Tempelhof für Alle (Tempelhof para todos) mobilizou ativistas que conseguiram adentrar o terreno do aeroporto escalando a cerca e desafiando o numeroso contingente policial destacado para reprimir qualquer tentativa de invasão. Os grupos querem evitar também a valorização imobiliária e futuros processos de gentrificação nos bairros e distritos do entorno, como vem acontecendo em outras áreas da cidade.

É nesse contexto, durante manifestações assim, que as transmissões de rádio "inoficiais" acontecem, como suporte para as ações, repercutindo as ideias dos grupos e iniciativas protagonistas desses movimentos de resistência. Nosso entrevistado explica como são organizadas essas transmissões, através, sobretudo, de contatos verbais e propaganda boca a boca:

> As pessoas sabem dessa forma e vão para o local da transmissão. Em geral, as pessoas já se articulam para a próxima transmissão no momento em que participam de uma ação, de uma transmissão anterior. Algumas coisas são compartilhadas na internet, mas só as questões de fundo... A problemática crua, digamos assim... No passado eram frequentes as ações policiais contra grupos que faziam transmissões piratas, eles destruíam o transmissor, a antena, e havia sempre um grande prejuízo com a perda dos aparelhos. Esses grupos sempre buscavam mudar os locais da transmissão, a cada semana um local diferente, para fugir do controle da MABB. Às vezes essas transmissões não duravam mais que quatro, cinco minutos, pois eram interrompidas com a chegada da polícia.

De fato, reportagens e notícias de jornais de meados dos anos 1990 e início dos anos 2000 dão conta da repressão policial às transmissões piratas de rádio em Berlim. Por exemplo, uma matéria do TAZ Berlim, de 24 de julho de 2000, intitulada "Pausa para o rádio pirata", relata que a polícia confiscou os transmissores e a antena da Rádio Westfernsehen (104.1 MHz), mas não efetuou nenhuma prisão, já que os responsáveis pela emissora não se encontravam no local da transmissão no momento da ação policial.

A rádio pirata funcionava há seis meses no distrito de Prenzlauer Berg como uma espécie de fórum de forças políticas de esquerda em Berlim, congregando diversas "subculturas" da cena alternativa local. Sua programação musical incluía estilos diversificados, indo do hip hop ao punk e *drum and bass*. Um porta-voz da rádio, não identificado na matéria, avaliou o prejuízo com a perda de equipamentos em milhares de marcos e prometia a retomada das transmissões em alguns meses.

A mesma matéria do TAZ informava que em março de 2000 também foram confiscados equipamentos da rádio pirata Twen FM (95,1 MHz) em ação policial semelhante, embora a emissora não fosse, como a Rádio Westfernsehen, um fórum político da cena de esquerda local. A Twen FM, embora "inoficial", era uma rádio de DJs e MCs, que apostava na cena *clubber* em Berlim e que, após a perda dos equipamentos, acabou migrando para a internet, tornando-se uma *webradio*. Outra reportagem, publicada um ano antes na revista *Tip*, descreve as instalações da emissora no distrito do Mitte, e sua capacidade de transmissão para toda a cidade, embora em 1999 só transmitisse sua programação para os distritos e bairros do entorno.

A programação da Twen FM era transmitida apenas entre quinta-feira e domingo, das 20 às 2 horas da manhã, sob o comando de DJs e MCs que se revezavam a cada duas horas nas transmissões. Um porta-voz da rádio, identificado na matéria da *Tip* como Sven, com a observação de que o nome real do entrevistado havia sido trocado pela redação, ressalta que a emissora não perseguia nenhum objetivo político, que se tratava ali, antes de tudo, de ter prazer com a veiculação de músicas e estilos que agradavam aos responsáveis pela rádio e à cena *clubber* local. Sven enfatizou, em seu depoimento à revista, a participação de DJs e MCs da cidade e do exterior, já que a emissora se tornou popular por veicular música *clubber*, extrapolando os limites de Berlim e se tornando conhecida em outros países. Na matéria da *Tip*, os responsáveis pela rádio nutriam esperança de que não seriam vítimas de repressão policial, o que acabou acontecendo alguns meses depois.

A retomada das transmissões piratas de rádio no final da primeira década dos anos 2000 em Berlim, como mostraram nossas pesquisas na cidade, indica a força dos grupos e iniciativas da cena alternativa local. Demonstra também a força (e atualidade persistente!) da mídia rádio no período contemporâneo e a possibilidade de transformação da técnica em tecnologia, através de táticas de uso e apropriação dos meios de comunicação por grupos não hegemônicos.

Isso confirma as ideias de Bertolt Brecht e sua teoria sobre o rádio, considerado por ele uma mídia de infinitas possibilidades. Para Brecht, essas possibilidades poderiam ser abortadas por interesses de mercado e pela crescente concentração do controle da técnica em poucas mãos. Sob essa ótica, os ouvintes deveriam sublevar-se e assumir o papel de produtores de conteúdos. Desse modo, o rádio deixaria de ser uma técnica a serviço da distribuição e do consumo de mercadorias, para tornar-se de fato uma tecnologia a serviço da comunicação entre os homens (Moos, 1983: 112).

Harald Hahn, em seu livro *Freie Radios als Ort der aktiven Jugend-Medien Arbeit*, vai enfatizar as ligações existentes entre as rádios livres do período atual e os movimentos de trabalhadores no início do século XX na Alemanha, que visavam à apropriação da mídia rádio para fins de articulação e mobilização políticas. Em abril de 1924, três mil trabalhadores, em geral ligados aos partidos socialista e comunista, fundam em Berlim o Clube do Rádio dos Trabalhadores (Arbeiter-Radio-Klub – ARK): eles se encontravam para trocar informações sobre técnicas de rádio e para montar seus próprios aparelhos, muito caros na época para sua condição social. Os encontros serviam também para ouvir coletivamente as emissões e discutir os conteúdos veiculados, algo incomum para a maioria dos ouvintes (Hahn, 1999: 13-17).

Os trabalhadores viam a mídia rádio como instrumento de ação política, um meio de divulgar e promover os ideais socialistas na Alemanha. Era comum nesse período o Clube do Rádio dispor alto-falantes em espaços públicos da capital alemã para transmitir emissões diretamente de Moscou. Os trabalhadores alemães tinham verdadeiro fascínio pelos programas produzidos na antiga União Soviética, a ponto de Walter Benjamin considerar as emissões radiofônicas soviéticas um exemplo emblemático de uso emancipatório da mídia rádio. Como Brecht, também Benjamin defendia que os ouvintes deveriam se apropriar do rádio e transformar-se em autores e produtores de conteúdos para os programas radiofônicos (Hahn, 1999).

Em 1928, o Clube do Rádio torna-se uma coligação (*Arbeiter-Radio-Bund*) e passa a editar um jornal, o *Arbeiterfunk*. Um ano depois, essa coligação enfrenta conflitos internos entre socialistas e comunistas, que culminou na saída destes últimos para fundar a Coligação Livre de Rádio da Alemanha (Der Freie Radio Bund Deutschlands – FRBD). A nova Coligação vai organizar, no final dos anos 1920, uma série de ações e manifestações em Berlim e outras cidades alemãs para exigir a concessão de uma frequência de rádio para os trabalhadores do país. Com essa reivindicação jamais atendida, iniciam-se as primeiras transmissões piratas de rádio na cidade (Hahn, 1999).

Trabalhadores que se apropriaram, desde os tempos do Clube do Rádio, das técnicas de produção/transmissão de emissões radiofônicas, passam a comandar, a partir de dezembro de 1932, uma emissora pirata transmitindo diariamente programas entre 19h e 19h30. Nas comemorações da passagem de ano, o discurso do presidente do parlamento alemão foi interrompido por uma emissão pirata conclamando os trabalhadores a se manifestar contra a política militar do governo. É nesse mesmo ano que Brecht vai defender suas ideias sobre a função emancipatória do rádio, já mencionadas nesta seção. Em 26 de fevereiro de 1933, a Coligação Livre de Rádio da Alemanha tem suas atividades proibidas pelo governo alemão e muitos dos seus filiados passam a lutar contra o fascismo através de emissões clandestinas de rádio em todo o país (Hahn, 1999).

As rádios livres piratas dos anos 1970 na Alemanha estiveram relacionadas aos novos movimentos sociais, denominação dada a uma miríade de grupos e iniciativas de cunho pacifista, feminista e ecologista, em um amplo campo tido como "alternativo". O rádio era visto por esses grupos como uma forma de combater as forças sociais dominantes e hegemônicas. Como destaca Hahn, a Rádio Dreieckland, em Freiburg, inicialmente uma rádio pirata, hoje legalizada, se vê até os dias atuais como uma emissora de "resistência", na melhor tradição alemã de tomada dos meios de comunicação pelas classes trabalhadoras (Hahn, 1999).

Em Salvador e no Brasil, as transmissões piratas estiveram muitas vezes condicionadas pelas dificuldades de implantação e consolidação das emissoras de rádio ditas comunitárias. Isso, sobretudo, no caso daquelas que de fato dispõem de frequência FM para transmissão de seus programas, já que grande parte das rádios comunitárias na cidade é de Linha Modulada, sem antena e emissão de sinal, transmitindo através de alto-falantes dispostos nas centralidades dos bairros onde atuam os grupos e iniciativas, como analisei no capítulo "Mídia popular e comunitária em Salvador".

Em uma reportagem do jornal *A Tarde*, de 15/11/2005, a jornalista Katherine Funke ressalta que apenas três rádios comunitárias FM tinham autorização do Ministério das Comunicações para funcionar na época de realização da matéria. Funke ressalva também que mesmo essas três emissoras se encontravam de certo modo "irregulares" já que feriam a legislação que regula o setor: veiculavam anúncios comerciais, os presidentes das associações que dão respaldo legal às rádios moravam fora da área de abrangência de transmissão e não havia conselhos para avaliar a programação (Funke, *A Tarde*, 15/11/2005: 3).

Na verdade, nenhuma emissora comunitária de rádio na cidade dispunha, em 2005, de conselhos constituídos como determina a legislação federal, para avaliação dos conteúdos veiculados por membros das localidades onde as rádios atuam. O objetivo dessa instância, formada por, no mínimo, cinco representantes, seria o de garantir que a programação atenda às finalidades de radiodifusão comunitária (Funke, *A Tarde*, 15/11/2005: 3).

Na mesma reportagem, o presidente da Associação de Moradores de Fazenda Grande 3, um dos bairros atendidos pela Rádio Comunitária Cajazeiras FM, vê a emissora como uma rádio comercial e reclama que não há muito espaço para que os moradores se expressem: essa é, aliás, uma queixa comum a lideranças comunitárias de outras localidades próximas, na área de abrangência da rádio. Segundo a matéria de *A Tarde*, na Cajazeiras FM há dezenas de ofertas, promoções, preços e facilidades de pagamento por hora (Funke, *A Tarde*, 15/11/2005: 3).

Como vimos no capítulo "Mídia popular e comunitária em Salvador", essas práticas são denominadas, pelos grupos e iniciativas responsáveis pela programação das rádios comunitárias, como "apoios culturais" ou "parcerias", justamente para equacionar o problema de financiamento das emissoras. A Associação Brasileira de Rádios Comunitárias (Abraco) defende, no entanto, a publicidade comercial como forma de desenvolver as comunidades locais. Uma das sugestões da entidade seria o repasse de pelo menos 1% da verba de publicidade dos governos federal, estadual e municipal para as mídias que desenvolvem trabalhos comunitários (Funke, *A Tarde*, 15/11/2005: 3).

Quanto à questão da legalização, entre 1999 e 2005, 537 rádios tentaram entrar no ar sem autorização do Ministério das Comunicações na Região Metropolitana de Salvador, mas foram fechadas pela Agência Nacional de

Telecomunicações, investigadas pela Polícia Federal e punidas pela Justiça. Os órgãos governamentais alegam que a operação sem autorização prejudica a comunicação entre aviões e torres de controle no Aeroporto Internacional de Salvador (Funke, *A Tarde*, 15/11/2005: 3).

O Ministério das Comunicações explica que as transmissões clandestinas de rádio, por não estarem autorizadas e não se nortearem por normas técnicas adequadas, podem "prejudicar o interesse de milhares de pessoas e causar até risco de vida", interferindo também em diversos outros sistemas regulares de comunicação, como o serviço de segurança pública, de ambulância e de navegação marítima (*A Tarde*, 09/09/1996: 18).

O tempo médio para uma rádio comunitária receber autorização para funcionar no Brasil é de três anos e meio. Até 2005, apenas 31% das rádios comunitárias com intenção de atuar no país haviam recebido outorga do Ministério das Comunicações. Um Grupo de Trabalho Interministerial, composto por 8 ministérios e 11 entidades da sociedade civil, instituído por decreto presidencial em 2004 para analisar o problema, concluiu que o governo federal precisa garantir menos burocracia e mais agilidade no processo de legalização das rádios comunitárias no país (Funke, *A Tarde*, 04/11/2005: 7).

Entrar no ar sem autorização é considerado ato criminoso, passível de punição com pena de dois a quatro anos de detenção mais multa de dez mil reais para os responsáveis. Dados da Delegacia de Crimes Fazendários da Polícia Federal indicam que a maioria dos comunicadores que cometem o "crime" é de baixo poder aquisitivo e, de fato, realiza atividades sociais ou desportivas nas localidades onde atuam.

Caixas de som e antenas: infraestrutura técnica que incomoda?

Jens Gröger, da Pi-Radio, não esconde sua perplexidade quando menciono que a maioria das rádios comunitárias em Salvador não dispõe de uma frequência e transmite seus programas através de caixas de som espalhadas nos bairros e distritos onde atua. Vale a pena se ater no trecho de sua entrevista, realizada no distrito de Prenzlauer Berg, em 26 de março de 2009, no qual menciona o assunto:

J.G.: Fazer rádio é simples e barato, por isso me admiro que no Brasil haja rádios que funcionem com caixas de som e não com um transmissor, aqui na Europa um transmissor não custa mais que algumas centenas de euros...

P.: Mas precisa-se também de uma antena, não é?

J.G.: Mas com mil euros você teria tudo, um bom transmissor com um bom alcance. Não é caro e a técnica é muito simples. Com pouco dinheiro pode-se alcançar muita gente e isso naturalmente é o "perigo" do rádio.

P.: No Brasil, há um controle das emissões piratas de rádio, pois se alega que isso é perigoso para a segurança de aviões guiados por radares, por exemplo...

J.G.: É claro, eu não recomendaria a emissão ilegal de uma rádio a partir de um transmissor potente de 100 watts em Berlim, talvez os carros de bombeiros não pudessem receber mais o sinal emitido por suas centrais, por exemplo. Ou os aviões não receberiam os sinais emitidos pelas torres de comando.

P.: Como se pode saber onde é possível emitir ondas de rádio e onde isso não seria recomendável?

J.G.: Depende da frequência que você transmite, depende também da qualidade do transmissor. Para transmissão você precisa de uma licença, se você tem uma licença e uma frequência legal pode pagar até cinco mil euros por um transmissor, pois não precisa ter medo de que ele será confiscado pela Telecom. Quando se faz transmissões piratas, os transmissores são em geral mais baratos e com uma qualidade inferior, caso sejam confiscados o prejuízo será menor. Um bom transmissor custa em geral em torno de mil euros, mas com as transmissões piratas custam duzentos... São pequenos transmissores que têm um alcance muito limitado.

Gröger argumenta, portanto, que, na Alemanha, transmitir rádio através de uma frequência não implica necessariamente altos custos. Acrescenta que no contexto europeu o controle da poluição sonora é provavelmente mais rigoroso que no Brasil e que seria impensável algo assim nas ruas dos distritos e bairros de Berlim. De fato, em nossas pesquisas junto aos grupos e iniciativas na cidade somente uma vez encontramos uma situação que, de certo modo, lembrava as emissoras LM soteropolitanas: Quando entrevistamos Andreas Baier, do Studio Ansage (Rádio Friedrichshain), na sede da emissora, localizada no distrito de Friedrichshain, em 17 de abril de 2009. Enquanto transmitia o programa "Hallo, Taxi" do estúdio, a emissora colocava uma única caixa de som na rua, indicando aos vizinhos mais próximos que a rádio estava no ar. Observe-se que o volume de som era infinitamente inferior que aquele observado nos bairros populares de Salvador.

A excepcionalidade da situação no contexto alemão, descrita no parágrafo anterior, indica matrizes socioculturais muito diferenciadas em relação à questão do conforto ambiental – incluindo a questão da poluição sonora – em grandes cidades. Ao que parece, em Salvador a população é mais tolerante aos ruídos que vêm das ruas que em Berlim. Mas isso não quer dizer que o uso de caixas de som seja totalmente descartado em experiências de apropriação da mídia rádio na capital alemã. Algumas tentativas em escolas constituem exemplos de como alto-falantes podem ser usados para aumentar a "competência midiática" em relação ao rádio entre os estudantes alemães:

> São rádios que funcionam apenas nos intervalos das aulas, através de alto-falantes distribuídos nos pátios das escolas. Nós financiamos esse projeto com a totalidade dos recursos necessários, fazemos isso em parceria com a RBB, através da Jugendradio (Rádio Jovem), eles participam com programas curtos. São as escolas que demandam os *workshops*, e nosso apoio, são *workshops* sobre produção de programas de rádio, técnicas de transmissão, produção de *jingles* etc. (Anka Heinze, MABB).

Há uma questão similar, relativa à instalação de antenas para transmissão de internet sem fio que coloca também em xeque a ampliação da rede Freifunk nos distritos de Berlim. Questionado se essas antenas seriam perigosas para os moradores, Jürgen Neumann, um dos porta-vozes da iniciativa, afirma que não poderia responder com precisão absoluta, mas tentar ilustrar o problema através de uma comparação:

> Em quase todas as casas existem fornos micro-ondas que trabalham em uma frequência próxima daquela de uma rede Freifunk. De um watt, e nós trabalhamos com uma frequência de 100 miliwatts. É claro que ninguém vai colocar um roteador na cabeça, a intensidade da emissão aumenta exponencialmente com a diminuição da distância em relação à fonte de emissão. Quanto mais distante eu estiver do aparelho emissor, menos ondas poderão me alcançar. Se uma antena é instalada no telhado de um prédio, e não está próxima de sua cama ou de sua mesa de trabalho, então o risco é relativamente pequeno. Mas o quão perigosa é a exposição a esse tipo de emissão nós não sabemos exatamente. Se as pessoas assumem o risco de falar ao celular com ele encostado na cabeça então não há maiores problemas em aceitar a instalação de uma antena assim no telhado do prédio onde mora. Aliás, as antenas de telefonia celular estão por toda parte e emitem ondas com intensidades muito mais fortes.

Em um dos encontros semanais promovidos pela iniciativa Freifunk no centro de Berlim, na sede da C-Base, em agosto de 2009, entrevistei Dennis, do distrito de Weissensee, onde toda a infraestrutura para viabilizar uma rede de internet sem fio vem sendo implantada pelos moradores nos últimos anos. Ele afirma que as antenas que vêm sendo instaladas no alto dos edifícios são pequenas, em geral com 30 x 30 cm, não oferecendo, em sua opinião, riscos aos usuários, mas que, mesmo assim, para viabilizar sua instalação, é necessário sempre constituir uma sociedade anônima para assinar os contratos com as administrações dos distritos ou das pequenas cidades vizinhas, assim como com os respectivos condomínios. Dennis enfatiza também o entusiasmo dos moradores, bem como das administrações locais, com a instalação de infraestrutura, em localidades onde, em geral, não há acesso fácil à rede mundial de computadores: "eles querem pagar tudo!".

A instalação da infraestrutura é um dos aspectos centrais para a consolidação da rede Freifunk na cidade (ver capítulo"Mídia alternativa e multicultural em Berlim"), mas, para Dennis, esse não é o principal desafio a ser enfrentado nos próximos anos. Ele, que se considera mais talentoso para o trabalho técnico, não teria aptidão para realizar o trabalho social e político associado à implantação da rede Freifunk, algo que vê como essencial para a consolidação da iniciativa nos bairros e distritos de Berlim. A questão crucial, de acordo com seu ponto de vista, pode ser resumida na pergunta que ele se faz com frequência: "conectados, mas para que, afinal?".

Dennis acha que a instalação de infraestrutura é o que determina, de modo geral, o entusiasmo inicial para aderir à iniciativa, mas que há uma alternância muito grande em termos de participação: "muitos entram, muitos saem". Para os que permanecem por mais tempo Freifunk torna-se, na verdade, um *hobby*, já que, depois de anos de atuação na cidade, a iniciativa "não consegue produzir conteúdos" e se limita à questão da viabilização de uma infraestrutura gerenciada horizontalmente e com autonomia pelos próprios usuários.

Desejados ou não, os alto-falantes (em Salvador) e as antenas (em Berlim) indicam práticas de apropriação de determinadas técnicas pelos usuários, em contextos sócio-espaciais bastante diferenciados, revelando sua natureza estratégica e instituinte, nos termos colocados por Ribeiro (2008) no início deste capítulo. Trata-se da instalação/apropriação de um meio técnico próprio a cada lugar, um meio técnico que é, ele mesmo, "intrinsecamente ação", já que esse meio técnico é também o que vai viabilizar as táticas de apropriação dos meios de comunicação por grupos e iniciativas distintos, em seus respectivos lugares de atuação.

Os serviços de alto-falantes (ou caixas de som) que se disseminaram nos bairros populares da capital baiana têm sua origem nas cidades do interior da Bahia. Em algumas localidades do estado ainda se constitui no principal veículo de comunicação. Foram esses serviços de alto-falantes que originaram as rádios comunitárias LM (linha modular), indicando que um saber local se constitui enquanto conhecimento e tecnologia de processo, ainda que, nesse caso, se trate de uma tecnologia peculiar e vista em outros contextos como "inusitada" ou anacrônica. Nesse modo específico, a transmissão das rádios comunitárias em Salvador não se dá via concessão de frequências pelo Ministério das Comunicações, mas sim, através de fios, ligados a alto-falantes ou caixas de som. Como o controle dessas "emissoras" é menos rigoroso (é a Prefeitura do município que exerce a fiscalização, como explicitado no capítulo "Mídia popular e comunitária em Salvador"), elas se disseminam com mais rapidez e facilidade nas áreas populares da capital baiana.

A questão da infraestrutura e sua localização nos diferentes bairros e distritos da cidade contemporânea é o aspecto mais visível das relações entre tecnologia e lugar, que condicionam e são condicionadas pela densidade do meio técnico na dimensão local, assim como pelas técnicas que são efetivamente apropriadas por grupos e iniciativas que constroem sua espacialidade primária em cada lugar concreto, seja em Salvador, seja em Berlim.

A potência transformadora do meio geográfico: ainda sobre capoeira e Orkut em Salvador

A densidade da infraestrutura, analisada na seção anterior, assim como o acesso à técnica são fatores determinantes, por exemplo, da apropriação do Orkut pelos grupos de capoeira nos diferentes bairros de Salvador (ver capítulo "Mídia popular e comunitária em Salvador"). Percebe-se que os grupos de capoeira com comunidades mais ativas e dinâmicas no Orkut concentram-se no bairro de Itapuã, no centro antigo da cidade ou em áreas próximas, como no Calabar ou em Ondina. Há também uma concentração de sedes de grupos no Forte de Santo Antônio Além do Carmo, construído pelos colonizadores portugueses entre os anos de 1695 e 1703 e requalificado pelo poder público justamente para receber, desde 2006, o projeto "Forte da Capoeira". O local abriga atualmente pátio para atividades, memorial alusivo aos grandes mestres da capoeira baiana e salas de aula. No Forte há ainda videoteca e biblioteca e um anexo para reunião e lazer dos grupos.

Embora os grupos de capoeira se disseminem por todos os bairros da cidade, uma análise preliminar da espacialidade sugere que são naquelas áreas da cidade mais bem infraestruturadas (inclusive com melhor qualidade de serviços de acesso à rede mundial de computadores) que vão se concentrar os grupos com comunidades mais ativas no Orkut, levantados através de nossas pesquisas, em detrimento de áreas mais carentes, como o Subúrbio Ferroviário de Salvador. Por outro lado, não basta ter a sede localizada em um bairro mais bem infraestruturado em termos de rede de fibra ótica, por exemplo: é necessário, também, que o trabalho dos mestres esteja "enraizado" profundamente na localidade de origem dos grupos respectivos.[10]

Pode-se afirmar ainda que, hoje, a acessibilidade e a mobilidade dos grupos e praticantes de capoeira na cidade são potencializadas, muitas vezes, em termos de maior ou menor acesso à rede mundial de computadores. Em passado recente, a liberdade dos adeptos da dança-luta de matriz africana (e sua mobilidade na cidade) se dava, sobretudo, em termos de possibilidades de ação e de visibilidade de suas práticas nos espaços públicos urbanos.

Nossas pesquisas demonstraram que em Salvador vem ocorrendo um estreitamento das relações entre os grupos de capoeira, bem como uma intensificação da comunicação entre eles, através da internet, evidenciada pela troca de informações e divulgação de eventos diversos, antes limitadas pelo relativo isolamento dos grupos/mestres. Ficou explícito também que existe uma espacialização heterogênea dos grupos de capoeira em Salvador, que atuam em diversas "comunidades"/bairros distintos, ramificando-se desse modo no espaço urbano e ampliando seus campos de atuação na cidade, no Brasil e no mundo: Ou seja, sua atuação perpassa três escalas, três recortes de análise, o internacional, o nacional e o local.

A análise dos exemplos apresentados neste capítulo conduz à assertiva de Ribeiro (2008), para quem "qualquer elemento da história dos lugares [...] possa ser identificado como recurso econômico ou ponto de apoio para a extensão das redes sociais" (2008: 196). A autora chama atenção, em sua reflexão, para os condicionantes da dominação colocados de modo mais ou menos explícito nos processos de uso e de apropriação da técnica, mas não descarta a possibilidade de insubordinação e de processos de "atualização de instituições [...] cuja atuação se distancia da obediência às diretrizes neoliberais" (2008: 206), apesar da constatação (verdadeira) de que

> a experimentação da técnica está condicionada por mecanismos de controle e pela escassez relativa que preserva hierarquias sociais e fundamentos da ordem dominante [...]. Amplia-se a potência transformadora do meio geográfico; porém, são raras as verdadeiras inversões das hierarquias sociais, que também são espaciais (2008: 207).

Acreditamos que a potência transformadora do meio geográfico, indicada por Ribeiro, revela-se através da atuação dos grupos e iniciativas apresentados neste livro, quando esta é analisada a partir do aprofundamento da reflexão sobre as relações entre tecnologia e lugar. Tal análise deve enfatizar os momentos têmporo-espaciais nos quais a técnica serve efetivamente à aglutinação, aos contatos e ao encontro, em contraposição ao isolamento, à segregação e à despolitização associados às estratégias dos grupos dominantes e aos meios de comunicação de massa.

Chame-se atenção para o fato de que a atuação desses grupos e iniciativas inclui também o uso criativo da linguagem, através da apropriação sócio-espacial dos meios de comunicação em lugares específicos. Isso reforça a ideia da linguagem como "mecanismo de elaboração do tecido social", demonstrando também a "articulação essencial" entre instituição e linguagem. Ou seja, discurso e linguagem são e constroem instituições, abrindo perspectivas novas para o uso das técnicas e tecnologias de comunicação por grupos e iniciativas à margem ou distantes do *mainstream* (Ribeiro, 2008: 199).

Notas

1 http://www.cetic.br/usuarios/tic/2009/tic-domicilios-2009.pdf.

2 "Na ciência da computação, um protocolo é uma convenção ou padrão que controla e possibilita uma conexão, comunicação ou transferência de dados entre dois sistemas computacionais. De maneira simples, um protocolo pode ser definido como 'as regras que governam' a sintaxe, semântica e sincronização da comunicação. Os protocolos podem ser implementados pelo *hardware*, *software* ou por uma combinação dos dois" (Fonte: Wikipedia).

3 Em vez de tentar criar um *firmware*, único e estático, *Open* WRT fornece um sistema de escrita com a gestão de pacotes. Isso libera o usuário da seleção e aplicação da configuração fornecida pelo vendedor e permite personalizar o dispositivo através da utilização de pacotes para atender qualquer demanda. *Open* WRT é uma estrutura para criar uma aplicação sem ter que construir um *firmware* completo em torno dela, para os usuários isso significa a possibilidade de personalização total, para usar o dispositivo de modo flexível (Fonte: *openwrt.org*).

4 "*Firmware* é o conjunto de instruções operacionais programadas diretamente no *hardware* de um equipamento eletrônico. É armazenado permanentemente num circuito integrado (*chip*) de memória de *hardware*, como uma ROM, PROM, EPROM ou ainda EEPROM e memória *flash*, no momento da fabricação do componente. A programação de um *firmware* em princípio é não volátil (não perde seu conteúdo com o desligamento da eletricidade) e inalterável; entretanto, quando presente na forma de PROM ou EPROM, o *firmware* pode ser atualizado" (Fonte: Wikipedia).

5 Emissora localizada em Nuremberg, na Baviera, na qual trabalhou o entrevistado antes de se estabelecer em Berlim.

6 "*Web 2.0* é um termo criado em 2004 pela empresa estadunidense O'Reilly Media para designar uma segunda geração de comunidades e serviços, tendo como conceito a 'Web como plataforma', envolvendo wikis, aplicativos baseados em *folksonomia*, redes sociais e Tecnologia da Informação. Embora o termo tenha uma conotação de uma nova versão para a web, ele não se refere à atualização nas suas especificações técnicas, mas a uma mudança na forma como ela é encarada por usuários e desenvolvedores, ou seja, o ambiente de interação que hoje engloba inúmeras linguagens e motivações" (Fonte: Wikipedia).

[7] "*Webquest* é uma atividade de aprendizagem que aproveita a imensa riqueza de informações que, dia a dia, cresce na web. O conceito de *webquest* foi criado em 1995, por Bernie Dodge, professor da universidade estadual da Califórnia, EUA, como proposta metodológica para usar a internet de forma criativa. Dodge a define assim: '*Webquest* é uma atividade investigativa, em que alguma ou toda a informação com que os alunos interagem provém da Internet'. A *webquest* sempre parte de um tema (o Egito Antigo, por exemplo) e propõe uma tarefa, que envolve consultar fontes de informação especialmente selecionadas pelo professor. Essas fontes (também chamadas de recursos) podem ser livros, vídeos, e mesmo pessoas a entrevistar, mas normalmente são sites ou páginas na web" (Fonte: Wikipedia).

[8] *Podcasts* são programas de rádio em um formato específico, compacto, para serem transmitidos via internet.

[9] A partir de 1º de janeiro de 2001, com a implantação de uma reforma dos limites das regiões administrativas, Berlim passa a ser dividida em 12 distritos (antes eram 23). Com a reforma, os distritos de Kreuzberg e Friedrichshain passaram a fazer parte de uma única região administrativa.

[10] Em muitos bairros, os capoeiristas, em sua grande maioria os mestres, são tomados como referências, principalmente pela relação existente entre os grupos de capoeira e os projetos de inclusão social, assim como pela relação de identidade criada entre o mestre e o bairro através da convivência construída no cotidiano da localidade. Isso leva a população dos bairros de atuação dos grupos a, muitas vezes, elevar o mestre a uma posição de referência (ética, moral, cultural) em seu local de atuação.

COMUNICAÇÃO, REPRESENTAÇÃO E LUGAR

Constatamos, nos capítulos anteriores, que a relação entre lugar e mídia pressupõe articulação e encontro em processos capitaneados por grupos e iniciativas atuantes na cidade contemporânea, em momentos e espaços específicos. Espaços/tempo de representação e comunicação que vão mediar processos de apropriação sócio-espacial da técnica e sua "tradução" em tecnologia.

São relações de proximidade imediata, baseadas em ações solidárias, "comunitárias", "populares" e/ou "alternativas", a depender do contexto. Essas relações são condicionadas por táticas diferenciadas de comunicação e representação e, ao mesmo tempo, condicionam a atuação de grupos e iniciativas nos diferentes lugares urbanos, revelando estes últimos como base para a instalação/consolidação de um "meio operacional" para a ação e o discurso.

As análises apresentadas até aqui evidenciam também que as relações entre lugar e mídia vão ser de algum modo determinadas pela densidade desse meio operacional em cada lugar concreto, bem como pela acessibilidade a esse meio para grupos e iniciativas que se apropriem taticamente desses "recursos". Com níveis bastante diferenciados em termos de densidade e acessibilidade, Salvador e Berlim mostram-se, ambas, como aglomerações metropolitanas capazes de oferecer brechas espaciais ou "lugares do possível", nos termos de Lefebvre, para o uso criativo da técnica e sua transmutação em tecnologia "apropriada", ressignificada pelo uso "popular" e/ou "alternativo".

Os lugares do possível abrem a reflexão sobre como esses processos constroem espaços de representação que permitem pensar o uso criativo da técnica como "obra". Evidenciam também que utopias podem encontrar algum canal de expressão em uma esfera pública urbana permeada por novos discursos e enunciados a propósito dos lugares urbanos. Lugares que, nesse processo, são passíveis de representação, representações que, muitas vezes, nada ou pouco têm a ver com as imagens e os discursos veiculados pelos meios de comunicação de massa ou pelas estratégias de *city marketing* ou, ainda, pelos órgãos de planejamento e gestão urbanos.

Pode-se afirmar que, aqui, o sentido da representação extrapola o sentido da ideologia, ou melhor, evidencia-se a diferença fundamental entre ambos os conceitos, como discutido de modo pioneiro por Lefebvre (2006) no livro *A presença e a ausência*. Nesse livro, o esforço do autor é o de buscar um conceito operacional de representação, o que parece uma gigante tarefa. Estamos aqui diante dos dilemas filosóficos entre idealismo e materialismo para explicar/pensar/criticar a relação sujeito-objeto na produção do conhecimento. Um esforço centrado na distinção entre produto e obra e no papel das representações na constituição de ambos.

Se o produto depende das representações para "existirem", muitas vezes sendo substituídos pelas próprias representações em seu percurso que vai da produção ao consumo, as obras, por não serem "consumíveis", têm as representações como parte constituinte, mas não dependeriam destas últimas para "existir". Ou seja, o produto é representação e se confunde com ela, a obra é também representação, mas a atualiza constantemente, permitindo, inclusive, sua superação/transformação. A obra é e conta uma história, o produto a omite, e, por isso, o produto permite mais facilmente a manipulação através das representações. A representação substitui o produto, tornando-se concreta – o próprio produto –, enquanto a obra jamais é substituída na realidade pela representação.

Através dessa reflexão sobre o conceito de representação, Lefebvre fundamenta também uma crítica contundente ao conceito de "ideologia", à confusão em sua formulação, principalmente no campo do materialismo histórico. O autor busca legitimar o conceito de representação como a melhor forma de explicitar as relações de mediação entre sujeito/objeto, ser/pensamento, ideal/real etc. Uma das questões centrais de *A presença e a ausência* é a distinção necessária entre as representações que impedem/impossibilitam o surgimento do "possível" daquelas que podem possibilitar sua emergência. E aqui o "possível" é a sociedade urbana que substitui o "produto" pela "obra", a troca pela apropriação, as quantidades pelas qualidades; enfim, a utopia lefebvriana de transformação da sociedade capitalista, da realização do urbano em toda sua potencialidade.

Sob essa ótica, o urbano vai se representar nos exemplos analisados ao longo deste livro, por um lado, pela presença de novas técnicas e de novos objetos técnicos ou por sua escassez relativa ou mesmo por sua inexistência. Por outro lado, vai se revelar também pela possibilidade de convivência de modos mais "diretos" de comunicação, favorecidos pela proximidade e pela contiguidade espacial, com aqueles mais intermediados pelo uso criativo da técnica e das novas mídias.

São as representações, inclusive aquelas de cunho mais espacial, que vão finalmente evidenciar a importância dos lugares e sua tradução em táticas de apropriação dos meios de comunicação em uma escala local, com produção de conteúdos que enunciam os lugares urbanos a partir da ação e do discurso. Embora atuem em uma escala local, esses grupos vão "fabricar" lugares articulados com outros recortes espaciais, confirmando a emergência, como defendemos até aqui, de uma esfera pública urbana renovada pela comunicação, pela articulação e pelo encontro.

Representações espaciais em Salvador e Berlim: enunciação de lugares a partir de fatos históricos

Pode-se afirmar que, ao se apropriar dos meios de comunicação, enunciando "lugares" nos termos colocados por Michel de Certeau (ver capítulo "Lugar e mídia"), os grupos e as iniciativas exercitam a um só tempo as artes do fazer e do falar, ressignificando os lugares onde atuam e efetivando, no cotidiano dessas áreas, táticas de uso e apropriação, que se revelam através de práticas sócio-espaciais específicas. Percebe-se que os lugares são enunciados a partir de elementos histórico-sociais presentes nas áreas de atuação, a partir de uma "efetuação criativa do sistema linguístico", recontando, inclusive, sob outros olhares, a história da cidade.

Vimos, no capítulo "Mídia popular e comunitária em Salvador", que grupos que produzem conteúdos para sites de utilidade pública nos bairros de Salvador vão se apropriar, de acordo com táticas e interesses determinados, da história dos lugares de atuação, produzindo conteúdos para a internet os quais, de certo modo, revelam alguma congruência com o histórico de desenvolvimento urbano da cidade. O contraste entre Cidade Baixa e Cidade Alta, por exemplo, remete aos primórdios da ocupação urbana na capital baiana.

Se, no século XVI, Salvador era ainda um conjunto de casas baixas e modestas, "embora ostentasse o título de cidade" já nessa época, no século XVIII se transformou efetivamente em uma "cidade imponente, senhorial", como descrito por Antônio Risério em *Uma história da cidade da Bahia* (2004):

> O bairro da Praia, também chamado "Cidade Baixa", corria tortuosamente da Preguiça em direção à Jequitaia, com prédios de três e até quatro andares. No alto, o burgo se estendia do Forte de São Pedro ao Convento da Soledade.

> Havia aí três praças – a da Piedade, a do Palácio (hoje Praça Municipal) [...], a do Terreiro de Jesus [...]. Existiam já, naquela época, seis bairros: São Bento, Praia, Santo Antônio Além do Carmo, Palma, Desterro e Saúde [...] Construções religiosas e militares dominavam a paisagem [...] no século XVIII a freguesia de Nossa Senhora da Penha de Itapagipe contava, como uma de suas "filiais", com a Igreja do Senhor do Bonfim [...]. Não era menos visível a presença de fortes e fortalezas [...] Somando-se à pontuação desses prédios isolados, "monumentais", surgiram nessa época alguns conjuntos urbanos, produtos notáveis do que se pode definir como um urbanismo barroco (Risério, 2004: 211-212).

Vista de longe, a partir das embarcações que aportavam na cidade mercantil, o conjunto urbano disposto em dois planos causava êxtase aos visitantes estrangeiros, mas este era substituído "pelo choque decepcionante", tão logo desembarcavam na Cidade Baixa, onde se chocavam com a "imundície da rua da Praia", quadro que "enojava" e "horrorizava" os recém-chegados, conforme descreve Risério (2004: 295-296):

> Ao chegar à Cidade Alta, no entanto, o visitante volta a se enfeitiçar. É a parte clara da Cidade da Bahia – a cidade burocrática, eclesiástica e residencial, estirando-se "por um vasto planalto, sem cessar refrescado pelas brisas marinhas". É a cidade da riqueza, das praças amplas e arejadas, dos chafarizes, das igrejas grandiosas.

É evidente, portanto, na leitura da obra de Risério, um contraste acentuado e extremo entre as Cidades Alta e Baixa na Salvador oitocentista. Esse contraste é evidenciado através de uma nítida estratificação das duas cidades, a Cidade Baixa como lugar do pequeno e do grande comércio, a cidade malsã e mal cheirosa, cidade negra e cidade escrava, armazém, porto e empório, e a Cidade Alta como lugar silencioso e bem ornado, luminoso e amplo, cidade cartão-postal, branca e senhorial (Augel apud Risério, 2004).

Esse contraste, travestido nos séculos seguintes, em uma espécie de "estigma espacial", é um dos argumentos para a criação do site Cidadebaixa.com, que tem como *slogan* "A Cidade Baixa conectada com o mundo". O site pretende também tornar a Cidade Baixa mais conhecida para o restante da cidade, enaltecendo sua história e seus pontos turísticos, conforme evidenciado no capítulo "Mídia popular e comunitária em Salvador".

Não à toa conta com o apoio da Bahiatursa, órgão estadual de fomento ao turismo. No link "história", o site vai enunciar o lugar a partir de elementos encontrados em fontes históricas oficiais:

> A Cidade Baixa surgiu com sucessivas ampliações da área de praia original que, a partir de meados do século XVI, chegava ao pé da "montanha" para servir como o Porto da antiga Salvador. Nela foram construídas fortificações, amarras de naus, cais para saveiros e depósitos de mercadorias que iam e vinham de todas as partes do mundo.
>
> A primeira área é chamada de Conceição da Praia – cuja base foi erguida em 1549 a mando do capitão Tomé de Souza, o primeiro Governador-Geral do Brasil. Aí estão também o Forte de São Marcelo, edificado em meados do século XVII e reformado no início do século XIX para defesa do porto, o quebra-mar, construído no início do século XX, o Mercado Modelo, instalado no prédio da antiga alfândega, construída em meados do século XIX, a rampa do Mercado Modelo, antigo porto dos saveiros que atravessavam a Baía de Todos os Santos, e o Elevador Lacerda, que teve sua primeira torre inaugurada em 1873 pelo engenheiro Antônio Lacerda e foi remodelado e acrescido da segunda torre, em 1930 (http://www.cidadebaixa.com/).

Observa-se, no entanto, que não há menção à estratificação de Salvador em duas cidades, nos termos anteriormente colocados por Risério, denotando claramente a intenção de contornar o estigma espacial,[1] omitindo da "história" contada no site algo que pudesse comprometer as táticas de enunciação de um lugar com grande potencial turístico, supostamente desconhecido do restante da cidade. Em pesquisas anteriores do Grupo Espaço Livre de Pesquisa-Ação, realizadas no bairro da Ribeira, localizado na península de Itapagipe na Cidade Baixa, constatou-se que alguns moradores mais antigos estendem seus limites até o Largo de Roma, praticamente incluindo a península de Itapagipe inteira no bairro da Ribeira. Entre os que participam de associações de bairro, há uma tendência a não reconhecer de imediato os limites da Ribeira, afirmando o distrito de Itapagipe como "bairro". Há aqui uma estratégia de valorização turística englobando os monumentos e atrativos de bairros vizinhos como o Bonfim e Monte Serrat (Serpa, 2007b).

Nas audiências públicas realizadas nas 17 regiões administrativas de Salvador, durante o processo de revisão do Plano Diretor em 2005, na RA

II (Itapagipe), a questão central, para os 68 participantes, foi a valorização do patrimônio natural e cultural, reafirmando-se a vocação turística do lugar, privilegiando empreendimentos de médio porte, a fim de favorecer as oportunidades de emprego para a população local; mantendo as limitações de gabarito de altura das edificações; protegendo e tratando adequadamente o acervo histórico/arquitetônico da região; alargando a avenida Beira-mar; implantando novos *piers*, aproveitando os galpões existentes e desocupados na região para implantação de equipamentos de lazer; implantando a Via Náutica e utilizando o *pier* abandonado na Ponta de Humaitá para o desenvolvimento de projetos associados à implantação da Via que beneficiem a população local (Serpa, 2007b).

O site Cidadebaixa.com se alinha, portanto, a esse contexto, tratando os bairros da Cidade Baixa como lugares que compõem um conjunto maior, que, por seu patrimônio histórico, natural e cultural, pode viabilizar melhorias para toda a região administrativa. Vemos que, aqui, mais importante do que afirmar a legitimidade dos limites de determinado bairro, enfatiza-se sua articulação em torno de táticas e práticas comuns com outros bairros da região administrativa, que visam romper o isolamento dessas áreas em relação ao restante da cidade. Ou seja, em uma cidade onde os limites dos bairros não são reconhecidos pelos órgãos públicos de planejamento, parece mais efetivo, em termos táticos, atuar, através da ação e do discurso, a partir dos limites das regiões administrativas.

É verdade que em outros bairros da cidade, onde analisamos as táticas de apropriação sócio-espacial dos meios de comunicação por grupos populares, nem sempre é clara a distinção entre bairro e região administrativa, como é o caso da Boca do Rio e da Liberdade: em Salvador, bairros mais antigos como a Liberdade e a Boca do Rio se diferenciaram com o tempo, originando novos bairros como o Curuzu (no primeiro caso), o Stiep e o Costa Azul (no segundo). Hoje, são nome de região administrativa (que coincidem com o "bairro original"), mas os limites da região não coincidem mais com os limites do bairro atual.

Na audiência pública da RA Boca do Rio, no processo de revisão do Plano Diretor, os 81 moradores presentes brigaram pela manutenção dos limites atuais da região administrativa, enquanto na RA Liberdade, o Curuzu se afirmou frente aos outros bairros com a reivindicação de um programa de regularização fundiária para o lugar. Isso aponta para um processo constante de diferenciação de áreas no espaço intraurbano que pode e deve ser incorporado à busca de mais participação popular no planejamento da cidade, simplesmente atentando-se para a possibilidade de sua ocorrência (Serpa, 2007b).

Por outro lado, isso não se constitui uma regra para todos os bairros analisados. Em Pirajá, bairro popular centenário da capital baiana, não é a região administrativa como conjunto de bairros que vai embasar a ação e o discurso dos produtores de conteúdos para o Portalpiraja (portalpiraja.org), também analisado no capítulo "Mídia poular e comunitária em Salvador" deste livro. Aqui é a história do bairro o que conta, por este ter sido palco das lutas pela independência da Bahia, algo sublinhado tanto nos textos disponibilizados no site como na entrevista com seu organizador. Ou seja, os espaços de representação oscilam entre bairro e distrito, nos sites de utilidade pública analisados, ora enfatizando um, ora colocando a ênfase em outro, o que diz muito sobre o caráter processual dos lugares urbanos, enunciados e representados a partir de táticas diferenciadas de comunicação.

Em Berlim, conforme exposto no capítulo "Mídia alternativa e multicultural em Berlim", os grupos e iniciativas analisados defendem a ideia de uma cidade "provinciana" e "bairrista", composta de "aldeias" e "vilas", mas, ao mesmo tempo, falam da capital alemã como lugar multicultural e cosmopolita, discurso traduzido em uma ação localizada em bairros e distritos, mas fortemente articulada com outros recortes espaciais (região, Estado-nação, países de língua alemã etc.). Analisando-se a história de constituição da cidade vemos que a ação e o discurso dessas iniciativas não negam ou deturpam significativamente os fatos históricos, apropriando-se deles para contar, à sua maneira, novos enredos sobre o "lugar" Berlim. Senão vejamos.

Heinrich (2007), em seu atlas cultural sobre Berlim, traça com maestria os "destinos" da cidade em mapas e textos. Os primeiros registros tratados pelo autor datam do século XII, com dois núcleos autônomos, Berlim e Cölln, cada um em uma margem do rio Spree. Interessante aqui perceber que a cidade já nasce "dividida", algo que parece marcar seu desenvolvimento nos séculos seguintes. As cidades gêmeas, como eram conhecidas, já no século XIII tornaram-se importante entroncamento para as rotas comerciais na região de Brandemburgo, superando em relevância outros núcleos urbanos vizinhos como Spandau e Köpenick (hoje distritos da Berlim contemporânea). O núcleo original Berlim-Cölln constitui na atualidade uma parte do distrito central do Mitte. Data do início do século XIV a formalização da união entre as duas cidades, que passam a dispor de uma única prefeitura e um único parlamento. Em meados do mesmo século, Berlim-Cölln era um importante centro comercial que gozava de grande autonomia política e econômica na comarca de Brandemburgo.

No século XV, a casa real dos Brandemburgo vê, na nucleação Berlim-Cölln, a possibilidade de ampliação e consolidação de seu poder, passando a subjugar as cidades-gêmeas, preparando-as para sediar a casa real. Friedrich II desfaz a união formal entre Berlim e Cölln, destitui a administração e o parlamento e proíbe futuras associações entre as cidades, apesar de sublevações por parte da população, que, no entanto, não conseguiu superar seu isolamento e estagnação econômica a partir de meados do século XV. Somente no século XVII, após uma devastadora guerra de trinta anos contra tropas suecas e o exército dos imperadores Habsburgos,[2] a cidade volta a crescer e se expandir sob a regência do príncipe Friedrich Wilhelm (Heinrich, 2007). Data desse século também a construção de um muro em torno da cidade, que se consolida como residência da casa real dos Brandemburgos.

A história do desenvolvimento urbano da cidade, mapeada por Heinrich no período 1600 a 1945, mostra que Berlim cresceu anexando distritos, vilas, aldeias e cidades vizinhas, que hoje constituem os bairros e distritos da capital alemã. Em 1841, por exemplo, foram anexados Prenzlauer Berg e Friedrichshain. Data de 1861 a incorporação de Wedding, Kreuzberg, Moabit, Schöneberg e Tempelhof. No século XX, mais precisamente em 1920, são estabelecidos os novos limites da cidade de Berlim, com a anexação definitiva de oito cidades, 59 vilas e aldeias e 27 distritos (Heinrich, 2007).

Por outro lado, com a consolidação de Berlim como sede do poder dos Brandemburgos, a cidade conhece um crescimento populacional vigoroso, passando nas primeiras décadas do século XVIII de 20 mil para 60 mil habitantes, e atraindo trabalhadores especializados para as emergentes indústrias têxtil e de armas, necessárias para a defesa da comarca e para suprir as necessidades de um exército que crescia. Desse modo, uma mão de obra especializada, proveniente da Boêmia, França, Suíça, Saxônia etc., vai transformar, paulatinamente, a cidade em um lugar "multicultural", algo que se consolida nos séculos seguintes. A política de expansão da área construída a partir de então vai atrair mais trabalhadores para Berlim, que já no final dos anos 1730 contava com uma população de 90 mil habitantes (Heinrich, 2007).

Vemos, portanto, que ao caracterizarem Berlim como uma grande cidade, constituída de pequenas "aldeias", os porta-vozes das iniciativas analisadas se apoiam de alguma – ou à "sua" – maneira na história da capital alemã. Em seu discurso e através de suas ações, esses grupos vão justificar assim a caracterização de um espaço de representação fragmentado em pequenas unidades urbanas. Para algumas dessas iniciativas, como ressaltado no capítulo "Mídia alternativa e multicultural em Berlim", a cidade e seus distritos seriam, na verdade, conjuntos de "pequenas" cidades que não se comunicam ou que apresentam dificuldades para se comunicar entre si. Alguns desses distritos vão, inclusive, se sobressair no conjunto da cidade como lugares privilegiados para a atuação das iniciativas analisadas. Esse é o caso, entre outros, de Kreuzberg ou Prenzlauer Berg, que vão ganhar *status* de bastiões da cena "alternativa" e da diversidade cultural, condicionando, desse modo, as táticas de representação dos grupos em seus respectivos locais de atuação. Na capital baiana, por outro lado, ao invés de vistos como alternativos ou multiculturais, os espaços de representação dos grupos pesquisados vão ganhar atributos diferenciados, caracterizando-se ora como "populares", ora como "comunitários", como passo a analisar na próxima seção.

Berlim alternativa e multicultural *versus* Salvador popular e comunitária

Para Grésillon (2000), logo após o fim da Segunda Guerra Mundial, em um país devastado e uma capital em ruínas, a necessidade de uma efetiva "renovação cultural" foi percebida mais do que nunca como uma necessidade.

Com a exacerbação das tensões entre Berlim oriental e Berlim ocidental, cada parte da cidade deveria se tornar uma vitrine do sistema político que buscava representar (2000: 106). A construção do muro, separando a cidade em duas, vai exacerbar essa tendência do pós-guerra imediato. Isso vai propiciar, nas décadas seguintes, o movimento de ocupação de prédios, o surgimento e a consolidação de uma cena punk em Berlim ocidental, bem como o desenvolvimento de nichos culturais, de uma forte cena *rocker* e de novidades avantgardistas em Berlim oriental. Paralelamente, dos dois lados do muro, vão surgir formas diversificadas de "contracultura", suscitando também a emergência de "novos mitos" sobre a cidade (Grésillon, 2000: 122).

Essa cena alternativa vai se espalhar paulatinamente pelos interstícios do espaço urbano e, na maior parte dos casos, na proximidade imediata do muro, como no distrito de Kreuzberg. Segundo Grésillon (2000: 122), a geografia dessa cena alternativa que vai se estabelecendo na cidade nos anos do pós-guerra caracterizava-se, sobretudo, por sua complexidade e era constituída de "ilhas" e "arquipélagos" de geometria e duração variáveis. Berlim ocidental vai se tornar, desse modo, "capital europeia do movimento alternativo", reunindo toda sorte de associações e organizações, portadoras de novas formas artísticas e de uma nova "cultura social" (cooperativas autogestionárias, movimentos de bairro, bancos de crédito popular, movimentos ambientalistas etc.).

Mas é também pela presença e pelo peso de culturas "estrangeiras" que a cidade vai consolidar sua condição de "metrópole cultural". Com a construção do muro e a separação da cidade em duas, Berlim ocidental se vê obrigada, diante do isolamento imposto, a "importar" trabalhadores estrangeiros para dar conta da necessidade de mão de obra, inclusive industrial. A cidade vai recrutar trabalhadores essencialmente na Turquia e de modo massivo: em 1979, de 230 mil trabalhadores estrangeiros na parte ocidental da cidade, a metade pertencia à comunidade turca. Em Kreuzberg, 30% dos moradores eram/são estrangeiros, a maioria de origem turca. É precisamente nesse distrito que as comunidades de imigrantes vão se integrar progressivamente a uma população cada vez mais multicultural, cosmopolita e "aberta", como ressaltado por Grésillon (2000: 123).

Do outro lado do muro, em Berlim oriental, fenômeno semelhante vai ocorrer no distrito de Prenzlauer Berg, onde uma cena alternativa, de oposição aos ditames culturais do Partido Comunista alemão, vai se estabelecer de modo decisivo a partir dos anos 1970, conferindo um novo *élan* cultural a essa área da cidade. Para Grésillon, nasce, assim, um novo "mito" espacial: Prenzlauer Berg se torna uma "lenda", espaço-símbolo de uma subcultura intelectual, uma "ilha" de "desordem" em Berlim oriental (Grésillon, 2000: 123).

> No decorrer dos anos 1970, uma rede de galerias autônomas, de círculos literários, de associações, de ateliês vai se estabelecer no distrito de Prenzlauer Berg, constituindo ali um "tecido contestatório". No interior do distrito vão aparecer duas centralidades da cultura alternativa, a primeira constituída pelas ruas ditas "LSD" (Lychener-, Scliemann- e Dunckerstrasse, situadas ao norte da Rua Dimitroff, hoje Danziger Strasse), a segunda em torno da praça Kollwitzplatz e seus numerosos ateliês. Existiam também centralidades secundárias, como a rua Oderberger Strasse, Helmholz Platz ou ainda a praça Teutoburger Platz. Finalmente, em um terceiro nível de centralidade intraurbana, alguns cafés serviam de refúgio e de pontos de encontro para artistas e escritores, como o café Oderkahn na rua Oderberger Strasse ou o café Fengler na rua Lychener Strasse. Todos esses centros e subcentros da subcultura alternativa co-habitavam em um bem pequeno perímetro urbano, denominado de Kiez (quarteirão) por seus habitantes: eram a expressão de uma *Kiezkultu*r (cultura de quarteirão). Esses nichos da contracultura sofriam frequentemente com ações policiais, mas eram em geral relativamente protegidos por seu estatuto de lugar privado (Grésillon, 2000: 124).

Grésillon vai chamar atenção que a maioria dos apartamentos que abrigavam esses nichos de oposição se situava nos blocos dos fundos das *Mietkasernen*, prédios de alguns andares, cujas fachadas ocupavam e fechavam um quarteirão inteiro, conformando, em seu interior, pátios, entradas e corredores. Essa era a paisagem típica de Prenzlauer Berg na época, caracterizada por percursos e passagens entre corredores e pátios internos para acessar os prédios e apartamentos: uma paisagem labiríntica propícia à apropriação por grupos e iniciativas para práticas secretas de oposição ao regime. Esses grupos preferiam geralmente os apartamentos de subsolo ou aqueles mais altos, para instalação de galerias, ateliês e clubes, jamais ocupando as unidades residenciais da parte térrea, colocando-se sempre longe dos olhos e do controle dos passantes e da polícia. Uma paisagem acessível, portanto, somente para "iniciados" (Grésillon, 2000: 124).

Havia, sob esse ponto de vista, um espaço propício para a organização e a atuação de grupos e iniciativas portadores de uma cultura de oposição ou de uma contracultura urbana tanto em Berlim ocidental (Kreuzberg) como em Berlim oriental (Prenzlauer Berg), um espaço apropriado de acordo com códigos geográficos tácitos e originais. Grésillon vai denominar essas táticas de apropriação espacial como um verdadeiro "combate territorial", que vai garantir a liberdade de expressão de grupos e iniciativas de oposição em espaços específicos, ainda que pequenos e restritos aos "iniciados" (Grésillon, 2000: 124).

Foto: Angelo Serpa

Kotbusser Tor no distrito de Kreuzberg, Berlim.

As observações de Boris Grésillon ajudam a compreender a dialética entre as representações do espaço e os espaços de representação nos processos de apropriação sócio-espacial dos meios de comunicação em Berlim, explicitando também que os lugares são apropriados e enunciados a partir de seus atributos históricos, econômicos, sociais e culturais. Compreende-se melhor o porquê de muitos dos grupos e iniciativas analisados neste livro se concentrarem, em um primeiro momento, nos distritos de Kreuzberg e Prenzlauer Berg, irradiando-se depois para os distritos próximos, como Neukölln, Friedrichshain, Wedding etc. (ver capítulos "Mídia alternativa e multicultural em Berlim" e "Tecnologia e lugar"). Assim, justifica-se o fato desses distritos se consolidarem paulatinamente como bastiões de uma cultura tida como "alternativa" e contra-hegemônica, servindo de espacialidade primária para a atuação tática desses agentes. Os protagonistas dessas iniciativas vão, portanto, enunciar os lugares da metrópole a partir de representações espaciais que se traduzem, de modo eficaz, em comunicação, articulação e encontro. Articulação, inclusive, com outros recortes espaciais, como enfatizado anteriormente, caracterizando os lugares enunciados como abertos e processuais.

Foto: Angelo Serpa

Feira de roupa e artesanato em Prenzlauer Berg, Berlim.

Em Salvador, a "matriz" de tais movimentos de apropriação sócio-espacial dos meios de comunicação não é uma contracultura dita "alternativa", como em Berlim, mas uma cultura "popular", que vai dialogar e interagir com as culturas ditas "erudita" e "de massa", na produção de conteúdos para a internet e o rádio, como verificamos no capítulo "Mídia popular e comunitária em Salvador". O resgate da história oral dos bairros populares de Salvador, das diferentes visões de mundo e de "espaços vividos", no âmbito das pesquisas do Grupo Espaço Livre, mostra que são múltiplas as representações desses espaços, entre os grupos/agentes que compõem suas redes de relações sociais. Os bairros enunciados nos discursos e nas ações desses agentes vão se revelar como culturas transversais, que abarcam muitas e múltiplas subculturas: "da pesca", "do remo", "jovem", "negra", "capoeirista", "afro-brasileira" ou "bairrista"; o outro lado da moeda traz para dentro dos bairros o mundo e suas subculturas: "turística", "patrimonialista" ou "conservacionista" (Brito e Serpa, 2004).

Para aqueles bairros com mais chances de incorporação ao circuito turístico da cidade, como a Ribeira, Itapuã e o Curuzu, as imagens hegemônicas, associadas ao *marketing* turístico, vão, aos poucos, sobrepondo-se aos espaços de representação dos moradores e contrapondo-se às suas práticas espaciais cotidianas (Lefebvre, 2000). No entanto, por trás das imagens hegemônicas, pode-se ainda identificar, nos depoimentos dos moradores, manifestações culturais por vezes "esquecidas" pelos meios de comunicação de massa e pelo *marketing* turístico: a capoeira, as rendeiras, a costura artesanal, as festas de pescadores, o teatro popular, as festas e palestras promovidas pelas associações de moradores, a pescaria, os costumes, os corais, os carnavais de bairro, os autos de natal, os blocos afro, os terreiros de candomblé, o maculelê,[3] o Movimento Negro Unificado, as danças afros.

A questão das subculturas aponta, nos bairros pesquisados, para a importância da questão étnica e para inúmeras tentativas de afirmação de uma identidade afro-brasileira. Na maioria das vezes, é no espaço das associações de moradores, das paróquias e dos terreiros de candomblé, que essas subculturas encontram algum espaço de expressão. Ao mesmo tempo, muitas dessas manifestações vão desaparecendo, permanecendo vivas apenas na memória de alguns moradores (Serpa, 2004, 2005, 2007c). Mas é também através das rádios comunitárias, dos sites de utilidade pública e das redes sociais na internet (com destaque para o Orkut) que essas subculturas vão se expressar no cotidiano dos bairros populares da cidade.

Essa cultura de matriz popular que se manifesta nas táticas de apropriação dos meios de comunicação em Salvador possui um traço marcante, relacionado às tradições afro-brasileiras na Bahia: a oralidade. No candomblé, por exemplo, cânticos e conhecimentos relacionados aos rituais sagrados são passados de geração em geração através de uma tradição oral consolidada nas práticas cotidianas dos terreiros. A oralidade manifesta da cultura popular soteropolitana vai se mostrar também através da atuação de alguns grupos e iniciativas analisados neste livro, especialmente aqueles que produzem conteúdos para as rádios comunitárias, seja através de antenas ou de alto-falantes. Muitos dos "radialistas" entrevistados no âmbito de nossas pesquisas tiveram passagem por carros de som, fazendo propaganda para o comércio local, seja para supermercados, seja para outros estabelecimentos comerciais e de serviços nos bairros onde atuam. As rádios LM (de alto-falantes) são, aliás, herdeiras legítimas desse tipo de propaganda.

Além disso, as tradições afro-brasileiras vão se caracterizar como matriz fundamental para a emergência de talentos musicais nos bairros populares da cidade, muitas vezes "revelados" e "incentivados" em um primeiro momento pela atuação das rádios comunitárias, em geral aquelas que dispõem de frequência FM e maior público ouvinte, como é o caso da Rádio Maré, com sede no bairro de Paripe, no Subúrbio Ferroviário de Salvador. São esses talentos, aliás, que vão alimentar eventos culturais de massa, como o Carnaval, vitrine, inclusive, para a atuação de blocos afros, como o Ilê Aiyê e o Araketu, que possuem páginas na rede mundial de computadores (ver capítulo "Mídia popular e comunitária em Salvador"). Se levarmos a sério a ideia de cultura popular, percebemos que esses bairros, considerados pelos órgãos de planejamento e gestão urbanos como "periféricos", são verdadeiramente centrais para o desenvolvimento cultural da cidade e para o surgimento de práticas de apropriação sócio-espacial dos meios de comunicação por grupos e iniciativas, quase sempre preteridos ou ignorados pela mídia de massa.

Vimos no capítulo "Mídia popular e comunitária em Salvador" que as representações espaciais dos grupos e iniciativas analisados vão enfatizar, em suas táticas de apropriação dos meios de comunicação, o recorte de bairro através da ação e do discurso, mas, em alguns casos, especialmente para aqueles agentes ligados ao movimento hip hop ou à capoeira, o termo "bairro" é às vezes substituído pela ideia de "comunidade". Em Salvador, diferente de outras cidades brasileiras, como o Rio de Janeiro, não é comum o uso do termo para denominar favelas, áreas de ocupação ou bairros populares. Entretanto, nos últimos anos, sua utilização vem ganhando algum destaque no discurso dos moradores. Na verdade, "comunidade" diz respeito, no contexto soteropolitano, à construção de redes de solidariedade nos bairros populares da cidade, que articulam os moradores dessas áreas, articulação que muitas vezes extrapola os limites dos bairros que constituem sua espacialidade primária.

Trata-se, segundo Bauman (2003: 56), de uma "muito bem tecida rede de obrigações comunitárias" das classes populares, redes de "obrigações fraternas" que se tecem em um mundo muitas vezes marcado pela pobreza de bens materiais:

> Os "poderosos e bem-sucedidos" podem ressentir-se [...] dos laços comunitários – mas da mesma forma que os demais homens e mulheres podem achar que a vida vivida sem comunidade é precária, amiúde insatisfatória e algumas vezes assustadora. Liberdade e comunidade podem chocar-se e entrar em conflito, mas uma composição a que faltem uma ou outra não leva a uma vida satisfatória (Bauman, 2003: 57).

As redes de vizinhança, de amizade e solidariedade nos bairros populares de Salvador são exemplos de redes primárias, que, de acordo com Scherer-Waren (2005), têm caráter interindividual ou coletivo, caracterizando-se por serem "presenciais" e com atuação em "espaços contíguos" (2005: 39). Devido à maior possibilidade de comunicação e consequente densidade enquanto rede de ação coletiva, a "rede de vizinhança" pode ser a base para a formação de outras "redes submersas" nos bairros populares da cidade. As redes submersas e informais são "redes de relações entre indivíduos, em decorrência de conexões preexistentes, relações semiformalizadas que dão origem a quase grupos" (Scherer-Warren, 1996: 168). Isso mostra que o tecido social reticular que constitui a essência do processo de diferenciação (e articulação) dos bairros populares de Salvador é maior que o universo associativista formal (como associações de moradores, por exemplo), originando redes informais ou "submersas" (Vilassante, 1996; Serpa, 2009).

Por outro lado, a persistência do movimento de bairro nos espaços populares da cidade[4] serve para demonstrar que as redes submersas, "baseadas em códigos culturais e solidariedades construídas no cotidiano", podem tornar-se articulações políticas, a partir da mobilização de pequenos grupos para "interferir nas políticas públicas" (Scherer-Waren, 1996: 169). Isso vai favorecer também o surgimento de relações políticas mais horizontalizadas, com um "maior reconhecimento [...] à diversidade cultural e ao pluralismo ideológico" (1996: 172). Acreditamos que é essa visão de "relações mais horizontalizadas" que vai embasar as representações espaciais desses bairros como "comunidades", no cotidiano das áreas populares da metrópole soteropolitana.

Lugares enunciados, lugares "comunicados"

A análise das táticas de apropriação sócio-espacial dos meios de comunicação em Berlim e Salvador, protagonizadas por grupos e iniciativas que compõem o tecido sociocultural dos bairros e distritos nas duas cidades, nos ajudaram a revelar que os lugares são enunciados a partir de representações espaciais coerentes com as trajetórias desses agentes nos respectivos locais de ocorrência. Essas representações são construídas no cotidiano dessas áreas a partir de elementos sociais, históricos, econômicos e culturais de seus respectivos espaços de atuação e são também influenciadas pelo acesso desses grupos e iniciativas aos meios de comunicação, condição primeira para a produção de conteúdos sobre o "lugar".

Ou seja, quanto maior a disponibilidade e o acesso aos meios de comunicação nos bairros e distritos das duas cidades analisadas, maior será a possibilidade de surgimento e consolidação das representações espaciais de grupos e iniciativas não alinhados ao *mainstream*. Nesse processo, as representações precisam ser "comunicadas", para que os lugares sejam enunciados de modo eficaz, ainda que, na maior parte das vezes, essas representações sejam ignoradas pelos meios de comunicação de massa. Enunciar lugares pressupõe, portanto, que as representações espaciais sejam "comunicadas", daí a importância do acesso às técnicas de comunicação e sua apropriação enquanto tecnologia.

O modo como os lugares serão "comunicados" vai ser fortemente condicionado pelos meios de comunicação disponíveis em cada lugar concreto, fazendo conviver modos mais diretos e "rudimentares" (rádios LM, de alto-falantes, nos bairros populares de Salvador) com formas híbridas e com maior conteúdo "técnico", que misturam de modo eficaz internet, vídeo e rádio em plataformas complexas de comunicação na rede mundial de computadores (caso do Canal Aberto de Berlim, por exemplo). Em última instância, isso vai condicionar também a maneira como os lugares são representados, comunicados e enunciados nas duas cidades analisadas. Em todo caso, a acessibilidade às novas técnicas de informação e comunicação e as possibilidades disponíveis para sua apropriação por esses grupos e iniciativas é crucial para a enunciação de lugares que articulem recortes que vão do local ao mundial, como observamos na análise das relações entre capoeira e internet em Salvador.

São, portanto, bastante plurais os contextos de enunciação dos lugares urbanos na contemporaneidade. Contextos sócio-espaciais e temporais que vão fornecer a base para elaboração de um discurso que não é só ação, mas também, e, sobretudo, interação. Isso mostra também que o discurso dos grupos e das iniciativas analisados neste livro não está nunca isolado do contexto de enunciação, revelando ainda que os lugares enunciados não podem ser compreendidos como objetos dados. O lugar é sempre processual e articula diferentes espaços de conceituação.

Essa articulação de recortes/escalas geográficas (do local ao global) será tanto mais ampla como mais complexa conforme a capacidade de articulação dos grupos envolvidos, assim como sua acessibilidade ao meio técnico disponível em cada lugar concreto. Isso vai estar condicionado também pela qualidade dos meios de comunicação disponíveis e seu raio de abrangência. Assim, grupos com acesso a rádios de alto-falantes terão atuação mais limitada que aqueles com acesso a rádios com frequência FM, que por sua vez terão raio de abrangência menor que grupos com acesso a rede mundial de computadores e a meios de comunicação audiovisuais (televisão, vídeo). Os lugares enunciados/comunicados por esses grupos serão sempre multiescalares, mas os recortes espaciais envolvidos no discurso e na ação dos grupos e das iniciativas serão mais complexos e mais diversos de acordo com a acessibilidade/a disponibilidade de recursos técnicos em suas respectivas áreas de atuação.

Rumo a uma nova esfera pública urbana?

As táticas de apropriação dos meios de comunicação, expostas ao longo das páginas deste livro, suscitam uma questão derradeira: elas representam de fato indícios da constituição de uma esfera pública urbana renovada, mais acessível, participativa e democrática? Defendemos que sim, embora esses indícios não cheguem a colocar em xeque críticas contundentes aos meios de comunicação de massa – incluindo aqui, é claro, a rede mundial de computadores, dominada, de modo geral, por grandes conglomerados de empresas – e ao senso comum de que as novas tecnologias, por si mesmas, geram mais participação/mobilização.

Don Mitchell, por exemplo, questiona a denominação corrente de "novos espaços públicos" para os meios de comunicação de massa. Corretamente, Mitchell duvida que o espaço público da cidade contemporânea mudou de natureza com o desenvolvimento das tecnologias de comunicação. Sob essa ótica, os espaços da mídia eletrônica, dominados por interesses hegemônicos, não desempenham papel de espaços públicos, pois, ao contrário, são espaços privados que contemplam, de modo geral, as expectativas privatistas da sociedade contemporânea. Para Mitchell, uma política urbana de fato revolucionária e democrática não pode prescindir de espaços públicos "concretos", de certo modo defendendo a importância da "ágora" na cidade contemporânea (Mitchell, 1995).

Mitchell parece esquecer, no entanto, que as relações de propriedade podem inviabilizar muitas vezes a apropriação social dos espaços públicos "concretos" no contexto urbano e que a soma de processos de apropriação de um coletivo de indivíduos não é suficiente para legitimar a noção de espaço público. O parque público[5] – utilizado por Mitchell como um exemplo de ágora contemporânea – é um espaço aberto ao público, acessível a todos, posto a disposição dos usuários, mas todas essas características não são suficientes para defini-lo como espaço público. Esse processo é resultado de uma concepção (e da promoção) do parque público como cenário, destinado à fascinação dos futuros usuários, transformando-o em uma espécie de imagem publicitária das administrações locais, sem nenhuma continuidade com práticas sociais que pudessem dar-lhe algum conteúdo e significado (Arantes, 1998; Serpa, 2007a).

Os usuários também privatizam os espaços públicos urbanos "concretos" através da ereção de barreiras simbólicas, por vezes invisíveis. O espaço público transforma-se, portanto, em uma justaposição de espaços privatizados; ele não é partilhado, mas, sobretudo, dividido entre os diferentes grupos. Consequentemente, a acessibilidade não é mais generalizada, mas limitada e controlada simbolicamente. Falta interação entre esses territórios, percebidos (e utilizados) como uma maneira de neutralizar o "outro" em um espaço que é acessível a todos. Os usuários do espaço contribuem, assim, para a amplificação da esfera privada no espaço público, fazendo emergir uma sorte de estranhamento mútuo de territórios privados, expostos, no entanto, a uma visibilidade completa e espetacular (Serpa, 2007a).

Então, pode-se concluir que a lógica de privatização dos espaços públicos, sejam eles "virtuais" ou "concretos", coloca em xeque a noção de "público" e evidencia a confusão existente entre o público e o privado na cidade contemporânea. A tese que procuramos demonstrar aqui é outra: a de que, mesmo com as relações de dominação e poder existentes no espaço público contemporâneo, grupos e iniciativas vêm de modo tático se apropriando das "brechas" existentes, evidenciando a possibilidade de emergência de ideias de cultura (e de lugar) alternativas, em uma esfera pública urbana que se renova a partir de seus "interstícios". Esses grupos e iniciativas produzem conteúdos e tecnologia a partir da apropriação dos meios de comunicação em seus lugares de atuação, fazendo emergir representações espaciais contra-hegemônicas no espaço público da cidade contemporânea. Reconheço que seu alcance ainda é muito limitado, mas sua criatividade e seu poder de apropriação da técnica para gerar tecnologias de processo impressionam pelas adversidades que enfrentam no cotidiano dos lugares onde atuam.

Acreditamos que o enfrentamento dessas adversidades é o que caracteriza esses grupos e iniciativas como protagonistas de ativismos socioculturais,[6] nos termos que já discuti em outras oportunidades (Serpa, 2009). Por outro lado, é necessário também reafirmar que hegemonias e contra-hegemonias dizem respeito sempre a processos identitários dinâmicos, que as hegemonias e contra-hegemonias são sempre localizadas, múltiplas e instáveis (Serpa, F., 2004). Isso é o que confere ares de novidade aos ativismos socioculturais aqui analisados, como uma perspectiva de uma ação política renovada, em uma esfera pública urbana mais plural e menos fechada aos grupos populares e/ou alternativos de nossas cidades, como espero ter demonstrado a partir dos exemplos apresentados neste livro.

Essa reflexão coloca também sob nova perspectiva a discussão sobre o direito à cidade. O direito à cidade deve incluir o direito à comunicação e aos espaços de comunicação/representação, o direito à produção de representações a partir da dialética entre o concebido e o vivido no cotidiano dos lugares urbanos da contemporaneidade. Como enfatiza Lefebvre, as representações fazem aqui as vezes de mediadoras entre ambos e, em alguns casos, podem modificar o concebido e o vivido. Nesses casos, os lugares urbanos vão aparecer em toda sua plenitude como "obras", através de práticas espaciais desviantes dos "modelos" (Lefebvre, 2006).

Vistos assim, os lugares da cidade contemporânea se consolidariam como "obras" enunciadas e comunicadas, que poderiam/deveriam ser consideradas nas reflexões sobre "e-governos" e participação política via meios de comunicação. E-governos que possam garantir não só acesso físico à técnica, mas também seu uso criativo e democrático, já que é desejável que a participação via mídia não tenha apenas caráter consultivo ou plebiscitário. Governos locais podem e devem apostar na participação criativa através dos meios de comunicação, abrindo espaços institucionais para a emergência de representações espaciais não hegemônicas, que poderiam, sim, sem sombra de dúvida, renovar as estratégias de planejamento e gestão na/da cidade contemporânea.

É nessas brechas e interstícios que uma cultura *hacker* pode florescer, nos termos colocados por Castells (apud Sposito, 2008). As táticas de apropriação dos meios de comunicação, em especial da rede mundial de computadores, evidenciam que um ambiente de liberdade é fundamental para o desenvolvimento dessa cultura *hacker*, baseada no pertencimento ativo a uma "comunidade" estruturada através de princípios de uma "organização social informal", mas, "também, global e virtual". Sposito chama atenção, baseando-se em Castells, que essa cultura on-line, "que se configurou em formas, processos e usos sociais", é muito próxima dos movimentos contraculturais e dos modos de vida alternativos que surgiram na década de 1960, mas, como essas comunidades virtuais aumentaram em tamanho e se diversificaram quanto à temática, se afastaram das práticas da contracultura devido ao surgimento de outros valores e interesses nas redes informáticas (2008: 72-73). Os exemplos analisados neste livro evidenciam outra coisa: que essas práticas contraculturais encontram-se entrincheiradas nas brechas e interstícios da cidade contemporânea e se revelam através das práticas de apropriação dos meios de comunicação por grupos e iniciativas específicos em seus respectivos lugares de ocorrência.

Finalmente, cabe enfatizar mais uma vez a importância do conceito de lugar para os estudos e pesquisas em Geografia, lembrando que lugar e local não são sinônimos e dizem respeito a coisas que possuem qualidades distintas: lugar é um conceito que incorpora o sentido de localização, mas é mais abrangente que a ideia de local, na verdade uma escala de abordagem entre outras possíveis. O lugar se define na intersubjetividade e encerra a dialética entre interior e exterior (Bachelard, 1998), a partir da relação/interação entre *insiders* e *outsiders*.

É essa dialética que vai embasar a enunciação/fabricação de lugares, nos termos aqui propostos, abrindo-os para o mundo e dando sentido às táticas de apropriação sócio-espacial dos meios de comunicação em Berlim e Salvador. A operacionalização do conceito de lugar deve, portanto, articular escalas e recortes espaciais, evitando reduzir o lugar a uma escala local de abordagem, o que seria um equívoco. Se for verdade que lugar é processo e movimento, as fronteiras e os limites não são nem fixos, nem imutáveis: eles mudam e se transformam de acordo com as relações intersubjetivas que vão definir o lugar no espaço e no tempo.

Notas

[1] Estigma, no entanto, reconhecido pelos produtores do site, quando entrevistados no âmbito de nossos levantamentos de campo (ver capítulo "Mídia popular e comunitária em Salvador").

[2] "A paz da Vestfália, assinada em 1648, pôs fim às diferenças religiosas e políticas que causaram a guerra dos trinta anos. Os imperadores Habsburgos perderam quase toda a autoridade sobre a Alemanha, reconheceram a secularização das terras da Igreja adquiridas entre 1555 e 1624 e concederam plena tolerância aos governantes seculares calvinistas e luteranos. A religião não seria mais motivo de guerra no Império. Mas essas conquistas tiveram alto preço: a Alemanha, devastada e empobrecida por 30 anos de guerra, ficou dividida em centenas de Estados independentes, a maioria pequenos; e a cada governante, católico ou protestante, leigo ou eclesiástico, foi formalmente concedido certo grau de soberania" (*Atlas da História do Mundo*, 1995: 186).

[3] Maculelê: misto de jogo e dança de bastões, de Santo Amaro, no recôncavo baiano.

[4] Porém, não se pode perder de vista o enfraquecimento dos ativismos de bairro em Salvador nas últimas décadas. Comparando-se o número de associações de moradores filiadas à FABS (Federação das Associações de Bairro de Salvador) por ano de fundação, percebe-se uma diferença significativa entre os períodos 1981-1990 e 1991-2000: 112 contra 9, como demonstrado por Garcia (2002).

[5] Mitchell trata do exemplo do People's Park em Berkeley.

[6] Alinho-me aqui àqueles pesquisadores que veem os ativismos sociais (ou socioculturais, como prefiro denominá-los) como um tipo de "ação coletiva caracterizado por uma duração não efêmera", diferentes dos assim denominados movimentos sociais em sentido estrito, "uma modalidade particularmente crítica e ambiciosa de ativismo social" (Souza, 2008: 367).

BIBLIOGRAFIA

ARANTES, Otília. *Urbanismo em fim de linha*. São Paulo: Edusp, 1998.

ARENDT, Hannah. *A condição humana*. 10. ed. Rio de Janeiro: Forense Universitária, 2000.

______. *O que é política?* 3. ed. Rio de Janeiro: Bertrand Brasil, 2002a.

______. *A dignidade da política*. 3. ed. Rio de Janeiro: Relume-Dumará, 2002b.

______. *Entre o passado e o futuro*. 5. ed. São Paulo: Perspectiva, 2002c. Col. Debates/Política.

AUGÉ, Marc. *Não lugares*: introdução a uma antropologia da supermodernidade. São Paulo: Papirus, 1994.

BACHELARD, Gaston. *A poética do espaço*. São Paulo: Martins Fontes, 1998.

BAHIA, Renata Maria de Jesus. *Análise sócio-espacial da atuação dos domínios virtuais alternativos de divulgação de conteúdos de utilidade pública em bairros populares de Salvador-BA*. Relatório Final de Pesquisa. Salvador: Pibic/CNPq, UFBA, 2008.

BAUMAN, Zygmunt. *Comunidade*: a busca por segurança no mundo atual. Rio de Janeiro: Jorge Zahar, 2003.

Benjamin, Walter. *Obras escolhidas I – Magia e técnica, arte e política*: ensaios sobre literatura e história da cultura. 7. ed. São Paulo: Brasiliense, 1996.

_____. *Oeuvres III*. Paris: Gallimard, 2000.

Brito, Marcelo Sousa; Serpa, Angelo. Percepção e Cultura na Periferia de Salvador: O Bairro em Imagens, uma Experiência de Ensino, Extensão e Pesquisa. In: Cunha, Eleonora Schettini; Carvalho, Alysson Massote (orgs.). *(Re) Conhecer diferenças*: construir resultados. Brasília: Unesco, 2004, p. 154-161.

Brzoska, Ina. Geburtstagsfeier mit Endzeitstimmung. *Berliner Zeitung*, Berlim, 16/02/2009.

Carlos, Ana Fani Alessandri. *Espaço-tempo na metrópole:* a fragmentação da vida cotidiana. São Paulo: Contexto, 2001.

Castro, Iná Elias de. O Problema da Escala. In: Castro, Iná Elias de; Gomes, Paulo César da Costa; Corrêa, Roberto Lobato (orgs.). *Geografia*: conceitos e temas. Rio de Janeiro: Bertrand Brasil, 1995, p. 117-140.

Certeau, Michel de. *A invenção do cotidiano*. 2. ed. Petrópolis: Vozes, 1994.

_____. *A cultura no plural*. 3. ed. Campinas: Papirus, 2003.

Claval, Paul. Modes de Communication, Spatialités et Temporalités. *Rio de Janeiro Conference: Historical Dimensions of the Relationship Between Space and Culture*, 1., Rio de Janeiro, 2003. *Anais*... Rio de Janeiro: International Geographical Union – Comission on the Cultural Approach in Geography, 2003, cd-rom.

Dardel, Eric. *L'Homme et la terre*: nature de la réalité géographique. Paris: Ed. cths, 1990 [1952].

Downing, John D. H. *Mídia radical*: rebeldia nas comunicações e movimentos sociais. São Paulo: Editora Senac, 2002.

Folha de S. Paulo. *Atlas da História do Mundo*. São Paulo, 1995.

Funke, Katherine. Burocracia deixa rádios fora do ar. *A Tarde*, Salvador, 4 nov. 2005, p.7.

_____. Ondas do rádio à revelia da lei. *A Tarde*, Salvador, 15 nov. 2005, p. 3.

Garcia, Antônia dos Santos. Movimentos Sociais na Cidade d'Oxum. In: Luz, Ana Maria de Carvalho; Lima, Paulo Costa. (orgs.). *Quem faz Salvador?* Salvador: Pró-Reitoria de Extensão da ufba/edufba/Prefeitura Municipal de Salvador, 2002, p. 251-257.

Grésillon, Boris. *Berlin, métropole culturelle*. Paris: Belin, 2000.

Habermas, Jürgen. *Mudança estrutural da esfera pública*. Rio de Janeiro: Tempo Brasileiro, 1984.

_____. *Consciência moral e agir comunicativo*. Rio de Janeiro: Tempo Brasileiro, 2003.

Hahn, Harald. *Freie Radios als Ort der aktiven Jugend-Medien Arbeit*. Stuttgart: Ibidem-Verlag, 1999.

Heinrich, Gerd. *Kulturatlas Berlin*. Ein Stadtschicksal in Karten und Texten. Berlin, 2007.

Lacoste, Yves. *A geografia*: isso serve, em primeiro lugar, para fazer a guerra. 3. ed. Campinas: Papirus, 1993.

Lefebvre, Henri. *O direito à cidade*. São Paulo: Moraes, 1991.

_____. *La production de l'espace*. 4e Ed. Paris: Anthropos, 2000.

_____. *La Presencia y La Ausência*: contribuicion a la teoria de las representaciones. México: Fundo de Cultura Econômica, 2006.

Lévy, Jacques; Lussault, Michel. *Dictionnaire de la géographie et de l'espace des sociétés*. Paris: Belin, 2003.

Melo, José Marques de. *Folkcomunicação na era digital*: a comunicação dos marginalizados invade a aldeia global. Texto proferido na V Bienal Iberoamericana de Comunicación. México, Campus Estado de México do Instituto Tecnológico de Monterrey, 19-22 de setembro de 2005. Disponível em: <http://www.cem.itesm.mx/dacs/publicaciones/logos/anteriores/n49/bienal/magis/Marques_demelo2.pdf>. Acesso em jul. 2008.

MITCHELL, Don. The End of Public Space? People's Park, Definitions of the Public, and Democracy. *Annals of the Association of American Geographers*, v. 85, n. 1, mar. 1995, p. 108-133.

_____. Não existe aquilo que chamamos de cultura: Para uma reconceitualização da ideia de cultura em Geografia. *Espaço e Cultura*, Rio de Janeiro, n. 8, p. 31-51, ago./dez. 1999.

MOOS, Ludwig. *Frequenzbesetzer*. Arbeitsbuch für ein anderes Radio. Reinbeck bei Hamburg: Rowohlt Taschenbuch Verlag GmbH, 1983.

MORAES, Karla Gomes. *Espacialização dos domínios virtuais alternativos de divulgação de movimentos sociais e musicais, com atuação em bairros populares de Salvador-BA*. Relatório Final de Pesquisa. Salvador: Pibic/CNPq, UFBA, 2008.

OLIVEIRA, Josivaldo Pires de; LEAL, Luiz Augusto Pinheiro. *Capoeira, identidade e gênero*: ensaios sobre a história social da Capoeira no Brasil. Salvador: EDUFBA, 2009.

PAUSE für Radiopiraten. *Taz Berlin*, 24 jul. 2000, p. 20.

PIRATEN über Berlin. *Tip*, n. 14, p. 194, 1999.

RÁDIOS PIRATAS podem causar acidente aéreo em Salvador. *A Tarde*, Salvador, 9 set. 1996, p.18.

RELPH, Edward. As bases fenomenológicas da geografia. *Geografia*, Rio Claro, v. 4, n. 7, p. 1-25, abr. 1979.

RIBEIRO, Ana Clara Torres. A atualização técnica do urbano. *Cidades* (Presidente Prudente), v. 5, n. 8, p. 189-213, 2008.

RISÉRIO, Antônio. *Uma história da cidade da Bahia*. 2. ed. Rio de Janeiro: Versal, 2004.

RÖHRING-ASSUNÇÃO, Mathias. Capoeira e escravidão. Resenha do livro de Carlos Eugênio Líbano Soares. *Afro-Ásia*, Salvador, n. 31, p. 365-367, 2004.

ROUANET, Sérgio Paulo. Do Trauma à Atrofia da Experiência - Parte I. In: _______ (org.). *Édipo e o anjo*: itinerários freudianos em Walter Benjamin. Rio de Janeiro: Tempo Brasileiro, 1987, p. 44-73.

SANTOS, Jânio; SERPA, Angelo. A produção espacial do comércio e dos serviços nas periferias urbanas: um estudo de caso em Salvador. *GEOUSP – Espaço e Tempo*, São Paulo, v. 8, n. 8, p. 45-65, 2000.

SANTOS, Milton. *Metamorfoses do espaço habitado*. 3. ed. São Paulo: Hucitec, 1994.

______. *A natureza do espaço*. São Paulo: Hucitec, 1996.

______. *O espaço dividido*. 2. ed. São Paulo: Edusp, 2004 [1979].

SCHERER-WARREN, Ilse. Metodologia das Redes no Estudo das Ações Coletivas e Movimentos Sociais. *Colóquio sobre poder local*, 6, Salvador, 1994. *Anais*... Salvador: NPGA/UFBA, 1996, p. 165-176.

______. Redes Sociais: Trajetórias e Fronteiras. In: DIAS, Leila Christina; SILVEIRA, Rogério Leandro Lima da (orgs.). *Redes, sociedades e territórios*. Santa Cruz do Sul: Edunisc, 2005, p. 29-50.

SERPA, Angelo. Experiência e Vivência, Percepção e Cultura: Uma Abordagem Dialética das Manifestações Culturais em Bairros Populares de Salvador. *RA'EGA* (UFPR), Curitiba, v. 8, n. 8, p. 19-32, 2004.

______. Mergulhando num mar de relações: redes sociais como agentes de transformação em bairros populares. *Geografia*, Rio Claro, v. 30, n. 2, p. 211-222, 2005.

______. *O espaço público na cidade contemporânea*. São Paulo: Contexto, 2007a.

______. (org.). *Cidade popular*: trama de relações sócio-espaciais. Salvador: Editora da Universidade Federal da Bahia – EDUFBA, 2007b.

______. Cultura de massa *versus* cultura popular na cidade do espetáculo e da retradicionalização. *Espaço e cultura* (UERJ), v. 22, p. 79-96, 2007c.

______. Ativismos socioculturais nos bairros populares de Salvador: Relações entre cultura e política na articulação de novos conteúdos para a esfera pública urbana. *Cidades* (Presidente Prudente), v. 6, p. 155-191, 2009.

Serpa, Felippe. *Rascunho digital*: diálogos com Felippe Serpa. Salvador: edufba, 2004.

Soares, Bruno Carvalho. *Um olhar geográfico sobre a atuação das rádios comunitárias em bairros populares de Salvador*. Relatório Final de Pesquisa. Salvador: Pibic/CNPq, ufba, 2007.

______; Serpa, Angelo. A realidade das manifestações culturais nos bairros populares de Salvador: Festa de Reis, Bumba meu boi, Berimbalada e Ilê Aiyê. In: Serpa, Angelo (org.). *Cidade popular*: trama de relações sócio-espaciais. Salvador: Editora da Universidade Federal da Bahia edufba, 2007, p. 117-134.

______; ______. A atuação das rádios comunitárias em bairros populares de Salvador- BA: Notas para uma abordagem geográfica. *Geografia*, Rio Claro, v. 34, n.1, p. 183-192, 2009.

Souza, Marcelo José Lopes de. Os orçamentos participativos e sua espacialidade: uma agenda de pesquisa. *Terra Livre*, São Paulo, n. 15, 2000.

______. Ativismos sociais e espaço urbano: Um panorama conciso da produção intelectual brasileira. In: Oliveira, Márcio Piñon de; Coelho, Maria Célia Nunes; Corrêa, Aureanice de Mello (orgs.). *O Brasil, a América Latina e o mundo*: espacialidades contemporâneas (II). Rio de Janeiro: Lamparina, 2008, p. 367-384.

Sposito, Eliseu Savério. *Redes e cidades*. São Paulo: Ed. Unesp, 2008.

Tavares, Luiz Henrique Dias. *História da Bahia*. 11. ed. (revista e ampliada). São Paulo/Salvador: Editora da Unesp/edufba, 2008.

Tuan, Yi-Fu. *Espaço e lugar*. São Paulo: Difel, 1983.

Vasconcelos, Hieros; Anjos, Juracy dos. 4 espaços públicos da cidade já dispõem de internet, mas pouca gente a utiliza. *A Tarde*, Salvador, 8 jul. 2010, p. A4.

Vasconcelos, Pedro de Almeida. A aplicação do conceito de segregação residencial ao contexto brasileiro na longa duração. *Cidades*, v. 1, n. 2, p. 259-274, 2004.

Villasante, Tomás R. Metodologia dos Conjuntos de Ação. In: Fischer, Tânia (org.). *Gestão contemporânea*: cidades estratégicas e organizações locais. Rio de Janeiro: Fundação Getúlio Vargas, 1996, p. 37-51.

O AUTOR

Angelo Serpa é professor associado do Departamento de Geografia da Universidade Federal da Bahia, pesquisador do CNPq, docente permanente do Programa de Pós-Graduação em Geografia da UFBA. Nessa instituição coordena os grupos de pesquisa Espaço Livre de Pesquisa-Ação e Terracult (Territórios da Cultura Popular) e é editor responsável pela *GeoTextos: revista da Pós-Graduação em Geografia da Universidade Federal da Bahia*. Participa também como docente permanente do Programa de Pós-Graduação em Arquitetura e Urbanismo na UFBA. É autor, coautor e organizador de diversos livros, entre os quais *O espaço público na cidade contemporânea* (Contexto, 2007), *Dilemas urbanos: novas abordagens sobre a cidade* (Contexto, 2003) e *Turismo e paisagem* (Contexto, 2002).

A PRODUÇÃO DO ESPAÇO URBANO

agentes e processos, escalas e desafios

Ana Fani Alessandri Carlos, Marcelo Lopes de Souza e Maria Encarnação Beltrão Sposito (orgs.)

A produção do espaço constitui um elemento central da problemática do mundo contemporâneo, tanto do ponto de vista da realização do processo de acumulação capitalista – e, por consequência, de justificativa das ações do Estado em direção à criação dos fundamentos da reprodução – quanto do ângulo da (re)produção da vida, que se realiza em espaços-tempos delimitados reais e concretos. As práticas de resistência precisam ser pensadas com o recurso à construção de um olhar teórico visceral e dialeticamente articulado, precisamente, com a práxis, em um movimento que revele o sentido e o fundamento dos conflitos que se estabelecem hoje, em torno do espaço, como luta pelo "direito à cidade". Os capítulos nele reunidos trazem e desenvolvem abordagens que se propõem a oferecer algum esclarecimento do tema. Correspondem a 11 olhares sobre a mesma temática, diversidade que emana tanto do fato de que seus recortes analíticos são múltiplos quanto da circunstância de que as perspectivas teórico-conceituais adotadas pelos autores são diversas, ainda que não necessariamente divergentes.

O PENSAMENTO GEOGRÁFICO BRASILEIRO - VOL. 1

as matrizes clássicas originárias

Ruy Moreira

Quais geógrafos tiveram papel-chave na formação da Geografia brasileira? Neste primeiro volume de uma obra prevista para três são destrinchadas e analisadas as obras de sete autores clássicos - Elisée Reclus, Vidal de La Blache, Jean Brunhes, Max Sorre, Pierre George, Jean Tricart e Richard Hartshore.

Na primeira parte do livro, Ruy Moreira traça o quadro da formação histórica da Geografia moderna e da Geografia clássica dentro dela, analisa o conceito de clássicos e oferece um conceito de matriz em Geografia à luz dos comentários críticos da tradição de escolas e da tradição de geografias setoriais.

O leitor é convidado, assim, a conferir ele mesmo a atualidade e a influência desses clássicos no pensamento recente, na e para além do âmbito imediato da Geografia.

GRÁFICA PAYM
Tel. (011) 4392-3344
paym@terra.com.br